# 스크린의 독재자

# 찰리 채플린

# 찰리 채플린

김별아 지음

자음과모음

# 차례

# 슬픔을 먼저 배운 어린 시절

# 첫 번째 무대

조명이 켜졌다. 쏟아지는 빛이 무대 위에 선 자그마한 소년의 얼굴을 내리비쳤다. 소년은 눈이 부신 듯 얼굴을 찡그렸다. 객석에는 담배 연기가 자욱했고, 관객들의 호기심 어린 얼굴들이 연기 너머로 눈에 띄었다. 악단이 음악을 연주하기 시작했다. 소년은 마치 홀린 듯, 자신도 알 수 없는 어떤 힘에 이끌려 노래를 부르기 시작했다. 사실 그렇게 어려운 일은 아니었다. 그 노래는 소년이 평소에 어머니 앞에서 자주 부르던 〈잭 존스〉라는 당시의 인기 가요였다.

잭은 시장거리의 인기 있는 사나이

옛날과는 변했을지라도

그 기분은 잘 안다오

황금 덩어리가 굴러 들어왔다고

한심하게 변한 마음이여


그런데 놀라운 일이 일어났다. 소년이 절반 정도 노래를 불렀을 무렵, 객석에서 동전이 빗발처럼 무대로 날아오기 시작한 것이다. 소년은 노래를 멈추었다. 그리고 자신을 바라보는 수많은 사람들을 향해 태연하게 말했다.

"잠깐만요! 일단 돈을 줍고 난 뒤에 노래를 계속할게요!"

그러자 사람들은 한꺼번에 웃음을 터뜨렸다. 다섯 살밖에 안 된 꼬마의 행동이 너무도 엉뚱하고 재미있었던 것이다. 소년이 돈을 줍기 시작하자 무대 뒤에서 감독이 나와 돈을 줍는 것을 도와주었다. 소년은 혹시 주운 돈을 몽땅 감독이 챙길까 봐 의심 어린 눈으로 그를 쳐다보았다. 그런데 이런 소년의 마음을 눈치 챈 듯 관객들이 더 큰 소리로 웃음을 터뜨렸다. 감독이 무대에서 나가려 할 때 걱정이 된 소년이 감독을 뒤따라가자 그 웃음소리는 더욱 커져서 극장이 들썩거릴 정도였다. 소년은 감독이 그 돈을 어머니에게 넘겨주는 것을 확인한 후, 다시 무대에 올라 노래를 부르기 시작했다.

소년이 무대에 서게 된 것은 우연이었다. 가수였던 소년의 어머니는 오래전부터 기관지가 나빴다. 감기에 걸리면 꼭 기관지염으로 번져 며칠 동안 기침을 하며 고생을 해야 했다. 노래를 부르며 연극을 하는 배우에게는 매우 불행한 일이었다. 어머니의 목소리가 점차 나빠지자 인기도 사라졌다. 한창 노래를 부르다가 갑자기 목소리가 갈라지고 목이 메기도 했다.

"집어치워! 저걸 노래라고 부르는 거야?"

관객들은 어머니의 실수를 용서하지 않았다. 무대 위에서 목소리가 제대로 나오지 않아 쩔쩔매는 어머니를 비웃으며 발을 구르고 소리를 쳤다. 어머니는 이런 일이 몇 번 반복되자 그만 무대에 서는 일을 두려워하게 되었다. 무대에 오르기를 겁내는 배우라니! 아무도 그런 배우에게 일자리를 주려 하지 않았다.

어머니는 밤에 극장에 나가 일을 해야 할 때 가끔씩 소년을 데리고 다녔다. 소년은 어려서부터 극장이 익숙했다. 소년은 무대 뒤에서 어머니의 모습을 지켜보는 일을 좋아했다. 하지만 인기를 잃은 어머니는 다른 연예인들이 나가고 싶어 하지 않는 올더쇼트(런던에서 서남쪽으로 30마일 떨어진 영국 최대의 육군 기지)의 군인 극장에까지 나가게 되었다.

그날 밤도 노래를 부르던 어머니의 목소리가 어느 순간 갑자기 듣기 싫게 갈라지고 말았다. 어머니는 당황하며 목을 가다듬으려 애를 썼다. 하지만 맑고 고운 목소리 대신 중얼거리는 듯한 쉰 목소리가 새어 나올 뿐이었다. 무슨 일이 일어나려나, 소년은 무대의 한

쪽 구석에 숨어 발을 동동 구르고 있었다.

"때려치워! 어디서 저런 가수를 데려온 거야? 노래가 아니라 고양이 울음소리 같잖아!"

군인들만을 상대로 하는 초라한 극장에는 원래부터 거친 관객들이 많았다. 어머니는 한때 '매혹적인 젊은 가수 릴리 할리'라는 예명으로 불렸다. 인기도 좋았다. 하지만 지금 어머니는 술에 취한 관객들에게 조롱을 당하는 형편없는 가수가 되어 있었다. 관객들은 '야옹야옹' 고양이 울음소리를 내기도 하고, 쥐어짜는 것 같은 목소리로 어머니의 노래를 흉내 내기도 했다. 어머니는 결국 무대에서 내려올 수밖에 없었다.

"무대에서 내려오면 어쩌자는 거야? 약속한 시간을 채워야 돈을 줄 수 있어!"

감독은 잔뜩 화가 나 있었다. 하지만 어머니도 어쩔 수 없었다.

"그러면 어떻게 해요? 이 상태에서 계속 노래를 부를 수는 없잖아요?"

"어쨌든 약속은 약속이야! 이러면 돈은 한 푼도 줄 수가 없어!"

어머니와 감독의 말다툼이 계속되었다. 소년은 구석에서 숨소리도 내지 않고 있었다.

"찰리!"

그때 갑자기 어머니가 소년의 이름을 불렀다. 소년은 깜짝 놀라 어머니에게 뛰어갔다.

"할 수 없다. 어떻게든 시간을 채워야 지금까지 일한 돈을 줄 수 있다고 하는구나. 네가 엄마를 좀 도와주렴. 전에 엄마 친구들 앞에서 보여 준 연극 있지? 그걸 저기 나가서 한번 해 보는 거야. 어렵지 않아. 넌 잘할 수 있을 거야!"

소년은 얼떨결에 감독의 손에 이끌려 무대에 섰다. 감독이 화가 나서 떠들어 대는 관객을 향해 어쩌고저쩌고 사과의 말을 하는 것 같았다. 그런데 정신을 차려 보니 어느새 무대 위에는 소년 혼자만이 남아 있었던 것이다.

그러나 관객들의 박수와 날아오는 동전 세례를 받은 소년은 이전의 소년과는 완전히 달랐다. 이제는 떨리는 마음도 없었다. 두려움과 흥분도 없었다. 소년은 가벼운 마음으로 관객들을 둘러보았다. 그들은 모두 소년이 무언가 재미있는 것을 보여 줄 것이라고 잔뜩 기대하는 표정이었다. 그들을 실망시키고 싶지 않았다. 그리고 무대 뒤에서 소년을 바라보고 있는 어머니에게 기쁨을 드리고 싶었다.

"노래를 한 곡 더 부를게요. 이번에 부를 노래는 저희 어머니가 제일 좋아하는 행진곡이랍니다."

소년은 춤을 추며 노래를 부르기 시작했다.

라일리, 라일리, 그이는 당신을 속이는 사람

라일리, 라일리, 그이는 나에게 없어서는 안 될 사람

많은 부대 중에서

용감한 부대는 88연대

그중에서 제일 멋진 군인은 라일리 중사님

이 노래의 합창 부분에서 소년은 무심코 어머니의 쉰 목소리를 흉내 냈다. 놀랍게도 이것이 사람들의 웃음과 박수를 자아냈다. 무대를 향해 동전이 비 오듯 날아오기 시작했다. 낡고 초라한 군인 극장의 관객들이 곧 자라나 세계를 웃고 울게 만들 위대한 배우의 재능에 감탄한 것이었다.

쇼가 끝나고 소년을 데려가기 위해 어머니가 무대에 나타났다. 그러자 관객들은 어머니에게 아낌없는 박수를 보냈다. 훌륭한 신인 배우의 어머니에게 보내는 축하와 존경의 박수였다. 소년은 마지막 한 개의 동전까지 주운 후 어머니의 손을 잡고 무대에서 내려왔다. 아직 다섯 살밖에 되지 않은 소년은 무대가 자기에게 어떤 의미인지 알지 못했다. 다만 자기가 주운 동전으로 어머니와 맛있는 음식을 사 먹을 수 있다는 사실이 기쁠 뿐이었다.

이날의 무대가 훗날 세계적인 대배우가 된 소년의 첫 번째 무대였다. 하지만 소년의 어머니에게는 잊혀지지 않을 불행의 무대이기도 했다. 어머니의 목소리는 그날을 마지막으로 더 이상 예전으로 돌아오지 않았던 것이다.

다섯 살의 어린 나이로 처음 무대에 서서 관객들을 사로잡았던 소년, 그는 1889년 4월 16일 화요일 저녁 8시 영국 런던의 이스트 가에서 태어났다. 곱슬머리에 반짝이는 눈을 가진 작고 귀여운 아이였다. 아이의 아버지 찰스 채플린과 어머니 해너 힐은 젊고 재능이 있는 배우들이었다.

"이 귀여운 녀석의 이름으로 뭐가 좋을까?"

"찰스, 당신의 이름을 따서 찰스가 어때요? 마침 외할아버지의 이름도 찰스잖아요?"

아버지와 외할아버지의 이름을 따서 아이에게 '찰스'라는 이름이 붙여졌다. 찰스는 영국 사람들에게 흔하고 평범한 이름이었는데, 가까운 사람들 사이에서는 흔히 '찰리'라는 애칭으로 불렸다. 찰스 채플린, 이 아이가 훗날 세계적인 희극배우이자 영화감독으로 이름을 떨친 '찰리 채플린'이었다.

하지만 어린 채플린의 평화는 오래가지 않았다. 채플린의 부모는 채플린이 태어나고 얼마 지나지 않아 이혼했다. 아이는 어머니가 키우기로 했다. 그때까지만 해도 어머니는 일주일에 25파운드를 벌었기 때문에 아버지의 도움 없이도 아이를 키울 수 있었다. 그들은 람베스의 세인트조지 거리에 있는 웨스트 스퀘어로 이사를 했다.

채플린은 아버지 없이 자라났다. 채플린의 아버지는 검은 눈에 목소리는 부드럽고 낮았으며 당시 일주일에 40파운드나 버는 꽤 유명한 연예인이었다. 아버지를 아는 사람들은 그가 나폴레옹의 모습을 닮았다고 했다. 그 때문인지 찰리 채플린은 영화감독이 된 후에도 유달리 나폴레옹에 대해 관심이 많았다. 하지만 아버지는 술을 지나치게 많이 마셨다. 어머니는 그것이 이혼하게 된 원인이라고 했다. 아버지는 결국 술로 병을 얻어 37세에 세상을 떠났다.

어머니는 아버지에 대해 나쁜 말을 하지는 않았다. 오히려 불쌍하다는 식으로 이야기를 했다. 채플린 때문에 화가 날 때면 "너도 아버지처럼 밖에 나가 쓰러져 죽고 싶으냐?"라고 슬픈 표정으로 말하기도 했다. 하지만 어머니가 돈을 버는 동안에 채플린은 그다지 불행한 생활을 하지 않았다. 채플린은 어머니를 마음속 깊이 사랑하고 있었다. 그리고 어머니도 아버지는 없지만 다른 집들과 다름없는 행복함과 안락함을 주기 위해 애를 썼다.

어머니는 매일 저녁 극장에서 돌아오면 반드시 테이블 위에 과자를 놓아두었다. 채플린과 형 시드니는 아침에 일어나 과자를 먹었다. 그 대신 어머니의 아침잠을 방해하지 않고 얌전하게 있기로 약속한 것이었다. 어머니는 일요일에 함께 외출할 때면 아이들에게 나들이옷을 입히고 자랑하는 걸 좋아했다. 형 시드니는 긴 바지와 슈트를 입고, 채플린은 블루 벨벳 양복에 같은 색깔의 장갑으로 치장했다. 그리고 케닝턴 거리의 멋쟁이들같이 으스대며 외출을 했다.

어머니가 돈을 잘 벌 때에 채플린 가족은 웨스트민스터 다리 거리에서 살았다. 그 거리는 매우 활기찬 곳이었다. 상점과 레스토랑, 뮤직홀이 줄지어 있었고 모퉁이 과일 가게에는 오렌지, 사과, 배, 바나나 등이 피라미드처럼 쌓여 있었다.

채플린은 매우 상상력이 뛰어나고 감수성이 풍부한 아이였다. 채플린은 어머니와 함께 합승 마차의 2층 좌석에 앉아 거리 풍경을 감상했다. 웨스트민스터 다리 모퉁이에서 촉촉한 향기가 감도는 장미꽃을 파는 아가씨들을 보면 왠지 서글픈 마음을 느끼기도 했다. 찬장 위에 가지런히 놓여 있던 포도주 병을 보면 공연히 우울해졌고, 구름 위를 날아다니는 천사의 모습을 그린 조그맣고 둥근 오르골이 울기 시작하면 이상하게도 설레곤 했다. 그러나 무엇보다 채플린이 가장 좋아했던 것은 집시에게서 6펜스를 주고 산 장난감 의자였다. 이것만은 어느 누구의 것이 아닌 자신만의 재산이라는 생각 때문이었다. 하지만 행복한 날들은 비눗방울처럼 사라져 가고 있었다. 어느 날 어머니는 아침 일찍부터 외출했다가 돌아왔다. 그때 채플린은 방바닥에서 무언가를 하면서 놀고 있었다. 어머니는 갑자기 채플린을 붙잡고 울부짖기 시작했다.

"암스트롱은 짐승이다!"

채플린은 너무 놀라 울음을 터뜨렸다. 어머니가 울고 있다는 사실이 무서워 견딜 수가 없었다. 채플린이 숨이 넘어갈 듯이 심하게 울자 어머니는 할 수 없이 울음을 멈추고 채플린을 안고 달래 주었다. 훗날 알게 된 사실이지만 암스트롱은 바로 채플린의 아버지가 고용한 변호사였다. 어머니는 자식에 대한 부양 의무를 다하지 않는 아버지를 고소했으나 재판에서 지고 돌아온 길이었다. 혼자 힘으로도 씩씩하게 살아가던 어머니가 아버지에게 생활비를 요구했다는 것은 어머니의 수입이 줄어들고 있음을 뜻했다.

불행이 채플린의 가족을 향해 서서히 다가오고 있었다.

# 어머니

채플린의 어머니 해너 힐은 런던의 캠던 가에서 아일랜드 출신의 구두공 찰스 힐과 집시의 피가 흐르는 메리 앤의 두 딸 중 맏딸로 태어났다. 집시는 정처 없이 떠돌아다니며 사는 민족으로, 가는 곳마다 사람들의 천대와 차별을 받았다. 유럽에서는 그들이 마을 사람들이 마시는 우물에 독을 풀어 넣는다거나, 아이들을 유괴한다거나, 심지어 사람 고기를 먹는다는 소문까지 있었다. 그들은 어디에도 오래 머물러 살지 못했고, 마술사, 점쟁이, 악사 따위의 일을 하며 여기저기 옮겨 살았다. 그래서 채플린의 외할머니인 메리 앤이 집시의 자손이라는 사실은 집안의 비밀이었다.

채플린의 외할머니와 외할아버지는 채플린이 세 살 무렵 이혼했다. 이모 케이트는 그 이유가 외할머니에게 새로운 애인이 생겼기 때문이라고 채플린에게 이야기해 주었다. 외할머니의 말년은 비참했다. 외할머니는 정신이상 증세를 보여 치료소에 갇힌 채로 세상을 떠났다. 채플린의 어머니는 이런 외할머니의 모습을 보며 두려움을 느꼈다. 무슨 일이 있어도 자기 아이들만은 엄마의 따뜻한 품속에서 자라게 하리라고 다짐했다.

채플린의 어머니는 극장 무대에서 하녀 역을 전문으로 맡는 배우였다. 어머니는 20대 후반까지도 소녀와 같이 귀여운 장밋빛 뺨과 진한 보랏빛 눈동자, 그리고 허리까지 늘어뜨린 연한 갈색 머리를 하고 있었다. 대단한 미인은 아니었지만 다정한 성격과 상냥한 미소를 가진 여성이었다. 이모 케이트 역시 하녀 역 전문 여배우였다. 케이트 이모는 미인이었지만 성격이 변덕스러워서 어머니와 사이가 좋지 않았다.

채플린은 어머니가 낳은 두 번째 아이였다. 어머니는 18세에 나이가 많은 부자와 사랑에 빠져 아프리카로 도망친 적이 있었다. 그때 채플린과 아버지가 다른 형 시드니가 태어났다. 그리고 어머니는 다시 영국으로 돌아와 채플린의 아버지와 결혼을 했다. 나중에 채플린의 아버지와 이혼을 한 후, 리오 드라이든이라는 가수와의 사이에서 동생을 하나 더 낳았다. 하지만 이 동생은 태어난 지 6개월 만에 드라이든이 데려갔다. 채플린은 동생이 있는지조차 모른

채 30년을 살게 된다.

채플린의 첫 번째 무대이자 어머니의 마지막 무대나 다름없는 군인 극장에서의 일이 끝나자, 채플린의 가족은 가난해졌다. 알뜰한 어머니가 저축해 놓은 약간의 돈이 있었지만 그것도 어느새 바닥이 나버렸다. 방 세 칸짜리 아파트에서 방 두 칸짜리로 옮겼다. 그리고 그곳에서 다시 방 한 칸짜리 셋방으로 옮겨 가지 않으면 안 되었다.

일자리를 잃은 어머니는 교회에 열심히 나갔다. 어머니는 오직 목소리가 다시 돌아오기만을 기도했다. 채플린도 어머니에게 이끌려 교회에 다녔다. 하지만 그의 기억 속에는 기도보다는 성찬식(기독교에서 예수의 최후를 기념하여 그의 살과 피를 상징하는 빵과 포도주를 나누는 의식)에서 맛좋은 포도주를 너무 많이 마셔서 어머니에게 혼난 일만이 남아 있다. 어머니는 교회에 다니기 시작하면서 연예인 친구들과도 만나지 않게 되었다. 어머니의 인기, 어머니의 연예인 생활은 이제 지나간 바람 같은 추억으로 남아 있을 뿐이었다.

어머니는 시드니와 채플린을 먹여 살리기 위해 일해야 했다. 하지만 당시의 영국 사회는 부자와 가난뱅이의 차이가 너무나 컸다. 그리고 하층 계급의 여자는 남의 집 하녀가 되든가 공장에서 일하지 않으면 먹고 살 방법이 없었다. 어머니는 남의 집 아기 보기부터 삯바느질까지 닥치는 대로 일했다. 하지만 어머니가 아무리 열심히 일해도 언제나 세 식구가 먹고 살기에는 부족했다. 아버지는 술을 너무 많이 마셔서 채플린을 위한 생활비를 보내지 않는 일이 잦았다.

가지고 있던 물건은 다 팔았다. 마지막으로 남은 것은 무대의상이 들어 있는 트렁크 한 개뿐이었다.

"이건 목소리가 돌아와서 다시 무대에 오르게 되면 입어야지……."

낡은 트렁크는 어머니의 마지막 희망이었다. 채플린과 시드니는 어머니의 트렁크 속에 든 화려하고 번쩍거리는 무대의상과 가발 따위가 마음에 들었다. 그것들을 들여다볼 때 어머니의 얼굴은 다른 어느 때보다 밝고 아름다웠다.

"엄마, 이거 한번 입어 봐요! 이 가발도 쓰고요!"

채플린이 조르자 어머니는 트렁크를 뒤져 재판관 분장을 했다.

"이 옷을 입고 무대에 오른 날은 정말 대단했지. 대단한 성공이었어! 사람들이 모두 일어나서 박수를 치고, 몇 번이고 다시 하라고 외쳤단다. 그때 이 노래를 불렀지. 내가 직접 지은 노래란다."


나는 여판사

그 이름도 널리 알려진 명판사

아무 데서나 쉽게 볼 수 없지요

멋지게 재판을 하면서

천하의 변호사들에게 가르쳐 드리지요

어떠세요, 조금은 아시겠습니까, 여자의 힘을……

어머니는 쉰 목소리로 노래를 부르며 부드럽고 멋진 춤을 추기 시작했다. 채플린과 시드니는 넋을 잃고 어머니의 모습을 바라보았다. 어머니는 인기를 모았던 노래를 몇 곡 더 불렀다. 하지만 마침내 숨이 차서 멈출 수밖에 없었다. 채플린과 시드니는 손바닥이 아프도록 박수를 쳤다. 어머니는 바느질 일감 따위를 모두 잊어버리고 오직 두 명의 관객, 채플린과 시드니를 즐겁게 해 주기 위해 최선을 다한 것이다.

어머니는 비록 연예인으로 성공하지 못했지만, 채플린에게 다정한 어머니이면서 최고의 선생님이었다. 어머니는 채플린에게 극장에서 본 공연이나 신파극 이야기들을 배우들의 흉내를 내며 재미있게 들려주었다. 배우들의 연기 기술을 정확하게 설명해 주었고, 정열적으로 연극을 평가하기도 했다. 어머니는 진심으로 무대와 연극을 사랑했다.

그날도 어머니는 오클리 거리의 지하 셋방에서 열이 나서 누워 있는 채플린에게 성경책을 읽어 주고 있었다. 어머니가 책을 읽어 주는 모습은 상당히 특별했다. 어머니는 책 속의 사건들을 연극으로 꾸며 직접 보여 주곤 했다.

"너희들 중에 죄 없는 자가 먼저 이 여인을 돌로 쳐라!"

어머니는 너그럽고 자비로운 그리스도의 모습으로 성난 군중들을 향해 말했다.

"여인이여, 볼지어다. 그대의 아들이로다."

어머니는 십자가 위에서 어머니 마리아를 내려다보는 그리스도가 되어 말했다.

"나의 하나님, 나의 하나님, 어찌하여 나를 버리시나이까?"

마지막으로 외치는 대목에 이르러서는 어머니도 채플린도 소리 내어 울고 말았다. 교회에 다니기를 꽤나 싫어했던 채플린이지만

이때만은 진심으로 감동을 했다.

"알 것 같니? 예수님은 너무나 인간적인 분이셨단다. 우리들과 똑같이 의심 때문에 괴로워하셨던 거야."

어머니는 빨갛게 달아오른 채플린의 뺨을 만져 주며 말했다.

채플린은 어머니의 이야기에 너무 감동하여 그날 저녁 당장 죽어서 예수님 곁으로 가 버리고 싶은 심정이었다. 하지만 어머니는 어느새 차분해진 말투로 채플린을 다독였다.

"아가, 예수님은 말이다, 네가 이 세상의 운명을 짊어지기를 바라고 계신단다."

그날 밤, 오클리 거리의 지하 셋방에서 있었던 일을 채플린은 평생 잊지 않았다. 밤이 깊어 어머니는 등잔에 불을 붙였다. 하지만 그것보다 더 환하고 따뜻한 등불이 채플린의 가슴속에 이미 밝혀져 있었다. 어머니는 채플린에게 문학과 연극을 알려 주었다. 그러나 그것보다 더 중요한 것이 있었다. 어머니는 채플린에게 문학과 연극을 진정으로 위대하게 만드는 인간에 대한 사랑을 가르쳐 주신 것이었다.

훗날 배우가 된 채플린은 어머니에 대해 이렇게 말했다.

"어머니는 내가 아는 그 어떤 여자보다도 놀라운 분이었다……. 그 이후로 나는 온 세상을 돌아다니며 많은 사람들을 만나 보았지만, 어머니만큼 완벽하게 세련된 여인은 한 번도 만나지 못했다. 앞으로 내가 뭔가가 된다면 그것은 순전히 어머니 덕분일 것이다."

하지만 가난은 끝없이 채플린 가족을 괴롭혔다. 겨울이 가까워지는데 채플린과 시드니는 입을 만한 옷이 없었다. 어쩔 수 없이 어머니는 옛날에 입었던 헌 벨벳 재킷으로 시드니의 윗도리를 만들고 헌 신발 뒤꿈치를 잘라 내어 신발을 만들어 주었다. 채플린은 새빨간 타이츠를 짧게 잘라 스타킹 대신 신었다. 채플린과 시드니는 이 꼴로 어떻게 학교에 가느냐고 투정을 했다. 하지만 어머니의 재치 있는 설득에 넘어갈 수밖에 없었다. 결국 학교에서 시드니와 채플린은 우스꽝스러운 별명으로 놀림을 받았고, 시드니는 친구들과 한판 싸움을 할 수밖에 없었다.

그러나 그것도 어머니의 고통에 비하면 작은 것이었다. 어머니는 언제부터인가 머리가 아파 바느질 일도 할 수 없게 되었다. 돈이 없어 고약 대신 찻잎을 눈에 붙이고 며칠 동안 어두운 방에 그대로 누워 있어야 했다. 채플린은 굶지 않기 위해 교회에서 베푸는 자선 행사에 줄을 서서 수프 티켓과 구호품을 받았다.

시드니는 푼돈이나마 벌기 위해 학교에 가지 않는 날에는 신문 배달을 했다. 어머니는 여전히 눈에 찻잎을 붙인 채 누워 있었고, 채플린은 우울함을 감추기 위해 어머니와 이런저런 이야기를 나누고 있었다. 그때 어두컴컴한 방 안으로 시드니가 불쑥 뛰어 들어왔다. 그리고 신문 뭉치를 침대 위에 휙 던지면서 큰 소리로 외쳤다.

"지갑을 주웠어!"

시드니는 버스를 갈아타고 다니면서 신문을 팔았는데, 어느 날 버스 2층 빈자리에 떨어져 있는 지갑을 보았다. 그는 지갑을 줍자마자 재빨리 버스에서 내려서는 뒤도 돌아보지 않고 집으로 달려온 길이었다. 그런데 그 지갑 속에는 무려 1파운드짜리 금화가 일곱 개에다 은화와 동화들이 잔뜩 들어 있었다. 채플린과 시드니는 미칠 듯한 기쁨에 서로 얼싸안았다.

어머니는 잠시 지갑 주인을 생각하여 양심의 가책을 느끼는 것 같았다. 하지만 지갑에는 돈 이외에 주인을 찾아 줄 만한 명함이나 신분증이 전혀 없었다.

"이건 틀림없이 하나님께서 우리를 불쌍히 여기셔서 보내 주신 은혜일 거야……."

어머니는 그 지갑 속의 돈을 쓰기로 결정했다. 그러자 어느새 어머니의 두통도 씻은 듯이 나았다. 아마도 어머니는 몸보다 마음이 더 아팠던 모양이다.

어머니는 채플린과 시드니를 데리고 템스 강 하구에 있는 휴양지인 사우스엔드온 시로 하루 나들이를 떠났다. 먹을 것을 잔뜩 샀고 채플린과 시드니는 오랜만에 새 옷을 입었다.

바다!

어머니는 아이들에게 그것을 보여 주고 싶었던 것이다. 예상치 못했던 행운을 가장 알뜰하고 값지게 쓰고 싶었던 것이다. 맛있는 음식보다, 좋은 옷보다, 그것은 훨씬 더 깊이 아이들의 마음속에 남았다. 채플린은 아주 오랫동안 태어나서 처음 본 그 바다를 기억했다. 새하얀 모래밭, 색색의 텐트와 파라솔, 잔물결을 헤치고 미끄러져 나아가는 배, 해초의 비린 냄새……. 그곳에서 맨발로 물장난을 치며 놀던 일은 채플린의 기억 속에 깨어나기 싫은 꿈처럼 새겨졌다.

하지만 행운은 잠깐뿐이었다. 채플린 가족은 또다시 가난한 생활로 돌아갈 수밖에 없었다. 상태는 더욱더 나빠졌다. 어머니는 일자리를 찾았지만 쉽지 않았다. 빚은 쌓여 가고, 재봉틀마저 주인이 가지고 가 버렸다. 일주일에 10실링씩 아버지가 보내오던 돈마저 끊겼다. 어머니는 새로운 변호사를 만났지만 더 이상 돈을 받기 힘들 거라는 이야기만 듣게 되었다.

길은 어디에도 없었다. 채플린 가족은 완전히 막다른 골목에 다다라 있었다. 어머니는 마침내 결심했다. 채플린과 시드니를 데리고 람베스 빈민구호소에 들어가기로 한 것이다.

# 빈민구호소

그곳은 감옥이었다. 군대였다. 집을 잃고 어디에도 갈 수 없는 사람들이 마지막으로 모여드는 곳이었다. 채플린은 그때 겨우 여섯 살이었다. 하지만 빈민구호소의 규칙은 어머니는 부인 기숙사로, 채플린과 시드니는 어린이 기숙사로 헤어지게 되어 있었다. 가족들은 정해진 면회일에만 만날 수 있었다.

첫 면회가 있던 날, 채플린과 시드니는 면회실로 들어오는 낯선 여자를 보았다. 구호소의 제복을 입은 여자는 부스스한 머릿결에 삭정이처럼 바싹 말라 있었다.

"찰리, 시드니……!"

여자가 채플린을 향해 웃으며 다가왔다. 채플린은 그제야 그 낯선 여자가 어머니라는 걸 알 수 있었다. 채플린과 시드니는 반가움과 슬픔으로 눈물을 터뜨렸다. 어머니도 아들들을 껴안은 채 눈물을 흘렸다.

"괜찮다, 괜찮아. 너희들은 좋아 보이는구나. 자, 이 사탕을 먹으렴. 간호사의 옷에 레이스를 떠 주고 받은 돈으로 너희들 주려고 매점에서 샀단다."

어머니는 앞치마에서 코코넛 캔디 봉지를 꺼내어 채플린과 시드니에게 주었다.

"어머니가, 어머니가 갑자기 너무 늙어 버렸어요!"

시드니는 울면서 몇 번이고 되풀이해 말했다. 채플린도 사탕을 입에 문 채로 훌쩍거렸다.

"괜찮아, 난 괜찮아. 우린 곧 함께 살게 될 거야."

어머니는 아이들을 위로했다. 하지만 비참할 만큼 늙고 마른 어머니의 모습은 채플린과 시드니에게 큰 충격을 주었다.

변해 버린 어머니의 모습만큼이나 빈민구호소의 생활은 어둡고 슬펐다. 그곳에는 집도 재산도 도와줄 친척이나 친구도 없는 빈털터리 가난뱅이들이 모여 살고 있었다. 채플린은 그곳에서 가장 나이가 어린 아이였다. 하지만 채플린은 어머니가 가르쳐 준 대로 희망과 웃음을 잃지 않았다. 그래서 사람들에게 귀여움을 받았다. 언젠가 빈민구호소에서 만난 한 노인은 채플린에게 '호랑이'라는 별명을 지어 주며 이렇게 예언하기도 했다.

"호랑이, 넌 아마도 어른이 되면 꽃술을 단 실크해트를 쓰고 마차에 팔짱을 끼고 앉는 인물이 될 거야. 암, 그렇게 되고말고!"

채플린은 그 말이 듣기 좋았다. 빈민구호소에서 산다는 건 부끄러운 일이었지만, 채플린은 모험심을 발휘하여 새로운 생활을 즐겁게 받아들이려고 애를 썼다.

구호소에 들어간 지 3주일이 지난 후, 채플린과 시드니는 런던 교외에서 12마일 떨어진 한웰 고아 빈민아동학교로 보내지게 되었다. 그곳에서 우선 신체검사와 지능검사를 받았다. 그리고 시드니는 나이가 많은 아이들 반으로, 채플린은 나이 어린 유치반으로 따로 떨어져 들어가게 되었다. 형을 잃어버린 채플린은 매우 처량해졌다. 채플린은 아직 사랑과 보호를 받아야 할 여섯 살의 어린아이였다. 하지만 채플린은 세상에서 제일 먼저 외로움부터 배우게 된 것이다.

그러나 가난도, 빈민구호소의 엄격한 규칙도 채플린 가족의 사랑을 가로막지는 못했다. 아이들이 너무 보고 싶었던 어머니는 꾀를 내어 시드니와 채플린을 데려가겠다고 신청을 했다. 결국에는 다시 빈민구호소와 빈민아동학교로 돌아갈 수밖에 없겠지만, 절차를 밟는 사이에 잠깐이라도 아이들과 함께 있고 싶었던 것이다. 그들에게 주어진 시간은 단 하루였다.

빈민구호소에 들어올 때에는 누구나 전에 입던 옷을 벗고 제복으로 갈아입는 것이 규칙이었다. 벗은 옷은 나쁜 병을 예방하기 위해 증기 소독을 했다. 하지만 소독을 한 후 다림질을 하지 않아, 채플린 가족이 빈민구호소를 나오면서 되돌려 받은 옷은 종이처럼 너덜너덜 구겨져 있었다. 참으로 초라하고 보기에 민망한 모습이었다. 그런 데다 더 나쁜 것은, 너무 이른 아침이었기 때문에 아무 데도 갈 만한 곳이 없었다는 사실이었다.

하지만 어머니와 채플린과 시드니는 함께 있다는 것만으로도 마냥 행복했다. 그들은 1마일이나 걸어서 케닝턴 공원으로 갔다. 시드니는 손수건에 비상금으로 간직했던 9펜스의 돈을 꺼냈다. 그 돈으로 버찌를 반 파운드 사서 공원 벤치에 앉아 먹으며 이야기를 나눴다. 시드니는 신문지를 둥글게 뭉쳐 만든 공으로 공놀이를 하면서 놀기도 했다. 점심에는 가진 돈을 모두 털어 2펜스짜리 케이크 한 개, 1페니짜리 훈제 청어와 반 페니짜리 차 두 잔을 사서 나누어 먹었다. 점심을 먹고 난 후에는 다시 공원에서 어머니는 뜨개질을 하고 시드니와 채플린은 그 곁에서 장난을 치며 놀았다.

하루는 너무 빨리 갔다. 오후가 되어 그들은 다시 빈민구호소로 돌아가야 했다. 빈민구호소의 직원은 어머니의 꾀를 눈치채고 길길이 날뛰며 화를 냈다. 그들의 옷을 다시 한 번 증기 소독해야 하고, 복잡한 서류를 작성해야 했기 때문이다. 하지만 채플린 가족은

직원에게 욕을 얻어먹으면서도 행복했다. 절차가 진행되는 동안에
는 시드니와 채플린이 빈민구호소에서, 조금이라도 더 어머니와
가까운 곳에 머무를 수 있었기 때문이었다.

채플린은 한웰 고아 빈민아동학교에서 1년을 보냈다. 채플린은
그곳에서 '채플린'이라는 자기 이름을 쓰는 법을 배웠다. 채플린은
채플린이라는 자기 이름이 마음에 들었다. 그 이름이 자기와 꼭 닮
은 것 같은 느낌이었다. 일곱 살이 되어 유치반에서 소년반으로 옮
긴 채플린은 나이가 많은 소년들 틈에 끼어 학교의 여러 행사에 참
여했다. 언제나 명랑하고 밝은 성격이었던 채플린은 한웰의 생활
에 크게 불만을 갖지는 않았다. 하지만 언제나 어머니에 대한 그리
움과 외로움을 떨쳐 버리지 못했다.

소년반 학생들은 일주일에 두 번 학교 바깥으로 소풍을 갔다. 그
때마다 마을 사람들은 그들을 구경거리처럼 바라보았다. 소년들은
고개를 푹 숙이고 빠르게 걸었다. 그들은 모두 마을 사람들이 빈민
구호소를 '돼지우리'라고 부른다는 사실을 알고 있었다. 돼지우리
에 살고 있는 그들은 다름 아닌 돼지였다. 하지만 그들은 분명히 부
끄러움을 아는 사람이었다.

학교의 규칙은 매우 엄했다. 금요일 아침에는 소년반 아이들이
모두 모인 가운데 일주일 동안 잘못을 저지른 아이들에게 벌을 주
었다. 군대용 식당 테이블 같은 기다란 책상 위에 죄인을 누이고,

손목을 가죽 끈으로 묶은 후 단단한 자작나무 곤봉으로 엉덩이를 때리는 것이었다. 매질은 최소 세 대에서 최고 여섯 대까지였다. 세 대 이상 맞은 죄인들의 비명 소리는 소름이 끼칠 만큼 끔찍했다. 이를 악물고 소리를 내지 않는 아이도 있었지만 다 맞기도 전에 기절해 버리는 아이도 있었다.

언젠가 채플린은 화장실에 불을 질렀다는 누명을 쓰고 불려 나갔다. 하지만 그것은 거짓이었다. 누군가가 화장실 바닥에 종이를 모아 불을 질렀는데, 마침 그 종이가 타고 있는 동안 채플린이 우연히 화장실에 들어갔던 것뿐이다.

"유죄라고 생각하느냐, 무죄라고 생각하느냐?"

교장 선생님이 엄한 목소리로 물었다.

채플린은 잔뜩 겁에 질려 자기도 모르게 "유죄입니다."라고 말해 버렸다. 무죄라고 말해 봤자 죄가 없음을 증명할 수 없었기 때문이다. 변명을 한다면 오히려 더 맞을지도 모를 일이었다. 하지만 책상에 엎드려 엉덩이에 세 번 매질을 당하는 동안, 채플린은 분노나 억울함보다는 무서운 모험이라도 하고 있는 듯한 기분을 느꼈다. 숨이 막힐 정도로 아팠지만 울지 않았다. 너무 아파 견디지 못하고 옆으로 쓰러져 눕자 어떤 승리감이나 해방감 같은 기분마저 들었다.

오히려 채플린 때문에 속상해 했던 사람은 시드니였다. 시드니는 채플린이 자기를 '작은형'이라고 불러 주는 걸 자랑스러워했고, 형으로서 채플린을 지켜 주고 싶어 했다. 시드니는 취사장에서 일을 했는데, 식당 앞에서 채플린과 마주칠 때마다 재빨리 커다란 버터 덩어리를 넣은 빵 한 조각을 살짝 건네주기도 했다. 채플린은 형의 사랑이 담긴 빵을 담요 밑에 숨어 몰래 뜯어 먹었다.

하지만 열한 살이 된 시드니는 한웰을 떠나 훈련 선박인 엑스마스호에 승선하게 되었다. 빈민구호소 소년들은 열한 살이 되면 육군이든 해군이든 어느 한쪽을 선택해야 했기 때문이다. 시드니는 배를 타는 쪽을 택했다. 그래서 채플린은 한웰에 혼자 남게 되었다.

채플린은 외로웠다. 채플린은 아무에게도 의지할 수 없는 혼자였다. 하지만 곧 어머니가 채플린을 데리러 왔다. 가족들끼리 오붓

하게 살 수 있는 집을 구하는 중이라고 했다. 그때 채플린은 마침 머리에 버짐이 생겨 빡빡 깎은 데다 보라색 요오드팅크를 바르고 있었다. 채플린은 어머니에게 그 지저분한 모습을 보여 주기 싫었다. 하지만 어머니는 활짝 웃으면서 채플린을 끌어안고 입을 맞췄다.

"아무리 더러워도 상관없어. 넌 예쁘니까."

채플린은 어머니의 말을 평생 잊지 않았다. 채플린은 어머니를 따라 한웰을 떠났다.

# 불안한 생활

하지만 채플린 가족을 끈질기게 따라다니던 가난과 불행은 거기서 끝나지 않았다. 어머니는 단칸방을 구해 시드니와 채플린을 데려왔지만 돈이 없어 자주 이사를 해야 했다. 그리고 기를 쓰고 버텼지만 나중에는 다시 빈민구호소로 들어갈 수밖에 없었다. 새로 들어간 빈민구호소의 학교는 한웰보다 훨씬 나빴다.

어느 날 풋볼을 하며 놀고 있는 시드니에게 보모가 다가왔다. 보모가 가져온 것은 어머니가 정신병에 걸려 케인힐 정신병원에 입원했다는 소식이었다. 시드니는 그 말에 아무 대꾸도 하지 않은 채 그대로 돌아가 다시 풋볼 게임을 계속했다. 하지만 시합이 끝나자 그는 말없이 빠져나와 처음으로 울음을 터뜨렸다.

시드니는 채플린에게 이 소식을 전했다. 하지만 채플린은 믿을 수 없었다. 믿을 수 없어서 울 수도 없었다. 그처럼 명랑하고 다정한 어머니가 미쳤다니! 혹시 미친 척해서 시드니와 채플린을 버리고 가 버린 것은 아닐까? 채플린은 정말로 미칠 것 같은 기분이었다.

하지만 믿고 싶지 않았던 그 일은 사실이었다. 대신 법원에서는 아버지에게 시드니와 채플린을 데려가도록 명령을 했다고 했다. 채플린은 어머니의 일이 걱정되었지만 아버지와 함께 산다고 생각하자 뛸 듯이 기뻤다. 그때까지 아버지를 두 번밖에 본 적이 없었다. 한 번은 무대에서 연기를 할 때였고, 또 한 번은 케닝턴 가에서 우연히 아버지를 만났던 것이다. 그때 아버지는 채플린에게 반 크라운짜리 은화 한 닢을 주었다.

아버지의 집은 채플린의 고향이나 다름없는 케닝턴 거리에 있었다. 문을 열어 준 사람은 아버지를 거리에서 만났을 때 곁에 있었던 여자였다. 서른 살 정도 되는 나이에 키가 크고 도톰한 입술과 슬픈 눈을 가진 미인이었다. 여자의 이름은 루이스라고 했다. 그 집에는 커다랗고 검은 눈동자를 가진, 갈색 머리카락이 보글보글한 네 살짜리 사내아이가 있었는데, 루이스가 낳은 채플린의 이복동생(어머니가 다른 동생)이었다.

루이스는 시드니와 채플린을 좋아하지 않았다. 그것은 당연한 일이었다. 두 사람은 갑자기 나타난 귀찮은 짐이었고 아버지와 헤어진 전 부인의 자식들이었던 것이다. 채플린은 늘 조마조마한 마음으로 루이스의 눈치를 보았다. 하지만 사춘기가 된 시드니는 처음부터 루이스와 사이가 좋지 않았다. 루이스는 술을 마실 때면 더욱더 괴팍하게 굴었다. 그나마 학교에 다니기 시작하면서 시드니와 채플린은 새로운 생활에 익숙해져 갔지만, 채플린은 밤마다 잠을 이루지 못해 뒤척이는 날이 많았다. 고작 여덟 살이었지만 채플린에게는 이때가 가장 길고 가장 슬펐던 시절이었다.

아버지와 루이스는 아이들 때문에 자주 싸웠다. 아버지와 싸운 루이스는 문을 잠그고 집을 나가 버렸다. 갈 데가 없는 채플린은 어두운 밤거리를 헤매고 다니기도 했다. 하지만 채플린은 아버지를 좋아해서 그의 행동을 따라 흉내 내려고 애를 썼다. 아버지는 기분이 좋을 때면 식구들이 모여 앉은 식탁에서 공연 중에 있었던 배우들의 이야기를 즐겁게 들려주었다. 그럴 때 채플린은 매처럼 눈을 동그랗게 뜨고 아버지의 모든 동작을 놓치지 않고 눈여겨봐 두었다.

어느 날인가 집에 들어가지 못한 시드니와 채플린은 새벽 세 시까지 야경꾼의 모닥불 곁에서 웅크리고 잠들었다. 그날 아동학대방지협회라는 곳에서 신고를 받은 남자가 찾아왔다. 루이스는 노발대발 화를 냈다. 하지만 그 일이 있은 이후 정신병원에서 퇴원을 한 어머니가 시드니와 채플린을 데리러 오게 되었다. 어머니는 루이스와 얼굴을 마주치는 것이 기분 나쁜 듯 시드니와 채플린이 짐을 싸는 동안 집 앞에서 기다리고 있었다. 그들은 그렇게 아버지의 집을 떠났다.

어머니는 케닝턴 네거리의 뒷골목에 있는 채소절임 공장 근처에 셋방을 얻어 살고 있었다. 바람결에 시큼한 식초 냄새가 실려 오는 곳이었다. 어느덧 채플린은 자기를 둘러싼 불안정한 생활 때문에 나이보다 훨씬 조숙한 아이가 되어 있었다.

언젠가 채플린은 집 앞에서 도살장으로 끌려가는 양들을 보았다. 양들은 모두 자기들을 기다리는 죽음을 알기라도 하듯 슬픈 소리로 울거나 끌려가지 않으려고 발버둥을 쳤다. 그중 한 마리가 도망을 쳐 이리저리 뛰어다녔다. 구경을 하던 사람들은 붙잡으려고 같이 날뛰기도 하고, 발에 걸려 넘어지기도 하며 한바탕 소란을 일으켰다. 사람들 모두 그 우스꽝스러운 광경에 낄낄거리며 웃었다. 하지만 그 양은 결국 붙들려 도살장으로 끌려가게 되었다. 채플린은 집으로 달려와 울면서 어머니에게 하소연했다.

"저 양들, 모두 죽어요! 죽어!"

반짝반짝 빛나는 봄 햇살, 꽃들이 만발한 아름다운 한낮에 양들은 죽음을 향해 끌려가고 있었다. 그 사실이 어린 채플린을 웃게 하고, 울게 했다. 한없이 우스우면서도 한없이 슬픈 그때의 풍경은 채플린의 기억 속에 오랫동안 남았다. 그것이 훗날 채플린이 만든 영화 속에서 비극과 희극, 눈물과 웃음을 한 덩어리로 드러나게 만든 것인지도 모른다.

어머니와 함께 살면서 채플린은 다시 학교에 다니게 되었다. 하지만 학교 공부는 채플린에게 큰 흥미를 불러일으키지 않았다. 채플린은 특히 산수를 싫어했다. 수업 자체는 그런대로 나쁘지 않았지만 딱딱한 의자에 꼼짝하지 않고 앉아 선생님이 가르쳐 주는 대로 외워야 하는 수업은 재미없었다. 채플린의 재능은 다른 곳에 있었다.

어머니는 채플린의 재능을 눈치채고 키워 주려고 애를 썼다. 어머니는 언젠가 신문 가판대에서 〈포리실라 양의 고양이〉라는 재미있는 희극을 베껴 왔다. 채플린은 그것을 연습해서 같은 반 친구에게 들려주었다. 그런데 우연히 선생님이 그 모습을 보고 매우 감동하여 수업이 시작되자 반 아이들 앞에서 해 보라고 했다. 교실은 온통 웃음바다가 되었다. 아이들은 배꼽을 잡고 웃어 댔다. 한순간에 채플린은 학교에서 가장 유명한 아이가 되었다. 다른 반에서도 초청을 받아 교실 전부를 돌면서 학생들 앞에서 희극을 선보였다.

채플린은 무대라는 것이, 연극이라는 것이 얼마나 매력적인가를 느끼게 되었다. 시시하고 재미없었던 학교가 갑자기 즐겁고 신나는 곳으로 바뀌었다. 이전까지 채플린은 조용하고 평범한 학생에 지나지 않았다. 하지만 무대에 선 채플린은 다른 어떤 아이와도 달랐다. 그것이 학교에 대한 흥미까지 불러일으켜서 채플린의 성적은 쑥쑥 올라갔다. 그러다 채플린은 학교를 그만두고 '에잇 랭커셔 레츠'라는 댄스단에 입단하게 되었다.

여덟 명의 소년으로 구성된 무용단에서 채플린은 나무 신을 신고 춤을 추었다. 하지만 댄스 단원 중의 한 사람으로 춤을 추는 일은 그다지 재미있지 않았다. 채플린은 언제나 어떻게든 혼자 연기하고 싶었다. 채플린의 소망은 소년 코미디언이 되는 것이었다. 웃음을 줄 수 있고 돈벌이가 될 것 같으면 무엇이든 받아들일 계획이었다. 하지만 댄스단에서 채플린의 재능을 선보일 기회는 끝내 오지 않았다.

채플린은 댄스단을 따라다니며 공연하는 동안 유명한 연예인들을 많이 만났다. 하지만 채플린에게 깊은 인상을 준 사람들은 인기 연예인이 아니었다. 오히려 무대를 떠나 독특한 개성을 발휘하던 사람들, 이를테면 매일 아침 극장에 제일 먼저 도착해 몇 시간씩 곡예 연습을 하던 떠돌이 코미디언이라든가 익살스러운 어릿광대 형제 같은 사람들이었다. 채플린은 그들이 관객들의 인기에 아랑곳없이 끝없이 연습하고 끝없이 실패하는 모습을 주의 깊게 관찰하였다.

댄스단을 이끌던 잭슨은 좋은 사람이었지만 댄스단의 수입은 좋지 않았다. 채플린은 런던에 머물고 있을 때에는 주말마다 한 번도 거르지 않고 어머니를 찾아갔다. 어머니는 채플린의 얼굴색이 좋지 않고 야윈 것을 보자 댄스가 폐에 나쁘다고 생각하게 되었다. 결국 몇 주일 후 채플린은 천식 발작을 일으켰다. 폐병까지는 아니었지만 천식은 몇 달간 숨도 쉴 수 없을 만큼 고통스러웠다. 채플린은 댄스단을 그만두고 천식 치료를 받았다.

채플린 가족은 여전히 가난했다. 영국에서는 아무리 가난한 집이라도 일요일 밤에는 집에서 만든 저녁을 먹었다. 일요일 밤에도 자기 집에서 저녁 식사를 하지 못한다는 것은 거지나 다름없는 밑바닥 신분임을 의미했다. 채플린 가족이 바로 거기에 속했다. 어머니는 종종 채플린에게 가까운 식당에 가서 6펜스짜리 저녁 식사를 사 오도록 심부름을 시켰다. 고기와 두 종류의 채소로 되어 있는 그 초라한 저녁거리를 사 온다는 것이 채플린은 너무도 창피했다.

"왜 우리는 일요일마저 집에서 저녁을 먹지 못하는 거죠?"

채플린은 철없이 투정을 부렸다. 어머니는 슬픈 얼굴로 말했다.

"집에서 만들면 가게에서 사는 것보다 돈이 두 배나 더 든단다."

어머니는 지난주에 했던 설명을 또다시 해준 것이었지만 채플린은 못 알아들은 척했다.

어느 금요일, 어머니는 운 좋게 경마로 5실링을 땄다. 어머니는 채플린을 기쁘게 해 주려고 일요일 저녁을 집에서 만드는 데 그 돈을 쓰기로 했다. 그러나 5실링으로 살 수 있는 것은 쇠고기인지 기름 덩어리인지 구별이 되지 않는 고기 한 조각뿐이었다. 그것도 채플린의 집에 오븐이 없어 집주인의 것을 빌려 요리를 해야 했다. 어머니가 한숨을 쉬며 말했다.

"아무래도 6펜스짜리 가게의 것이 손도 가지 않고 맛도 좋구나."

하지만 채플린은 어머니가 만든 음식을 먹는다는 것, 그리고 다른 사람들처럼 일요일 저녁에 집에서 만든 음식을 먹는다는 것만으로 한없이 기뻤다.

"아니에요, 엄마! 정말 최고의 요리예요!"

채플린은 정말 맛있게 그것을 먹었다.

# 아버지의 죽음, 어머니의 병

채플린이 열 살이 되던 해, 마침내 아버지가 돌아가셨다.

그때 시드니는 열네 살이 되어 학교를 마친 다음 우체국에서 전보 배달부로 일하고 있었다. 어머니는 재봉 일을 계속하고 있었다. 어머니는 블라우스를 한 묶음 완성시키면 1실링 6펜스를 받았다. 그 한 묶음을 완성시키는 데는 최소한 열두 시간이 걸렸다. 어머니는 재봉틀을 밟으면서 밤을 새우는 일이 많았다. 그들은 여전히 겨우 먹고살았다.

어느 날 채플린은 케닝턴 거리를 걷다가 우연히 '세 마리 암사슴'이라는 이름의 술집에 앉아 있는 아버지를 만나게 되었다. 아버지는 당황해서 달아나려고 하는 채플린에게 웃으며 가까이 오라고 손짓을 했다. 아버지는 평소에 자기감정을 드러내는 일이 없었기 때문에 다정한 모습이 오히려 낯설었다. 그런데 그날 아버지는 몸이 몹시 불편한지 눈이 움푹 파이고 손과 발이 팅팅 부어 있었다. 숨이 차서 옆구리를 누르기 위해서인지 나폴레옹처럼 한 손을 조끼 주머니에 찔러 넣고 있었다. 그날 밤 아버지는 여느 때와 달리 어머니와 시드니에 대해 걱정하기도 했고 헤어질 무렵에는 채플린을 끌어안고 키스까지 해 주었다.

그리고 3주 후, 아버지는 성 토머스 병원으로 옮겨졌다. 병명은 수종(몸에 림프액, 장액 등이 많이 괴어 몸이 붓는 병)이라고 했다. 무릎에서 16쿼트(1쿼트는 약 1.2리터)의 물을 뽑아냈고, 이미 숨을 거두기 직전이었다. 목사는 아버지에게 말했다.

"찰리! 당신의 얼굴을 보면 '심은 대로 거둔다'는 격언이 생각나는군요."

어머니는 그 말을 듣고 몹시 화를 냈다.

"죽어 가고 있는 사람한테 그런 가혹한 말이 어디 있어요!"

그 며칠 뒤에 아버지는 숨을 거두었다. 아버지의 관은 흰 천으로 덮여 있었고 둘레에는 아름다운 데이지 꽃이 장식되어 있었다. 루이스가 보낸 꽃이었다. 매장할 때는 비가 많이 쏟아졌다. 관 위에 흙이 떨어질 때, 그 소리가 으스스하고 무서워서 채플린은 울음을 터뜨렸다.

장례식이 끝나고 어머니와 채플린은 곧바로 집에 돌아왔지만 집에는 고기 국물 한 접시가 남아 있을 뿐 먹을 것이라고는 하나도 없었다. 하루 종일 장례식장에 있었던 터라 그들은 매우 배가 고팠다. 할 수 없이 어머니는 고물 장수에게 석유난로를 팔아 그 돈으로 빵을 사서 고기 국물과 함께 먹었다. 그들은 슬픔을 누릴 여유조차 없었다.

몇 주일 동안 채플린은 팔에 검은 상장(喪章; 상중임을 나타내기 위해 옷가슴이나 소매에 다는 표)을 달고 다녔다. 그런데 그것이 토요일 오후에 꽃을 팔 때 쓸모 있게 사용되었다. 채플린은 어머니를 졸라 1실링을 얻어 낸 다음 꽃 시장에 가서 수선화를 두 다발 샀다. 그리고 학교가 끝난 뒤 그것을 작은 다발로 나누었다. 모두 팔면 2실링 어치가 되는 것이었다. 채플린은 검은 상장을 차고, 슬픈 얼굴을 하고 술집을 돌아다녔다. 채플린은 속삭이듯 작은 목소리로 말했다.

"수선화 사세요, 아주머니!"

"제발 수선화를 안 사시겠어요, 아가씨?"

그러면 여자들은 하나같이 물었다.

"애야, 누가 돌아가셨니?"

채플린은 슬픈 표정에 더 작은 목소리로 대답했다.

"아버지요……."

그러면 그들은 채플린을 불쌍해 하며 꽃 값보다 더 많은 돈을 주

었다. 저녁때가 되어 하루 동안 번 돈을 세어 보니 5실링이 넘었다. 채플린은 꽃 장사에 재미를 붙였다.

그런데 어느 날 술집에서 나오다가 어머니와 마주쳤다. 어머니는 채플린을 야단쳤다.

"아버지가 술 때문에 돌아가셨는데 그런 곳에서 돈을 벌어서는 결코 행복해질 수 없어!"

이날 이후 꽃 장사는 다시 할 수 없었다. 하지만 어머니는 그날 번 돈만은 말없이 받았다.

채플린은 장사에 타고난 재능이 있는 것 같았다. 머릿속에서 끊임없이 장사에 대한 아이디어가 떠올랐다. 빈집을 보면 거기서 무슨 장사를 하면 돈을 벌 수 있을까 생각했다. 하지만 역시 장사 밑천이 될 돈이 문제였다. 궁리 끝에 채플린은 어머니에게 학교를 중퇴하고 취직을 하겠다고 이야기했다.

이후 채플린은 많은 일들을 경험했다. 식품 잡화상의 심부름꾼으로 시작해 병원 청소, 상점 점원, 인쇄소 공원으로도 일했다. 일은 힘들었지만 채플린은 괴로워하거나 자기를 비참하게 생각하지 않았다. 이른 새벽에 인기척이 없는 거리를 걸어 일을 하러 갈 때면 낭만과 모험을 향해 걸어가는 뿌듯한 기쁨을 느꼈다. 하루의 일을 시작하기 전에 동료들과 따뜻한 차를 마시며 이야기를 나눌 때의 밝은 기분이 진정한 행복이라고 생각했다. 하지만 인쇄소의 일이 너무 힘들었던지 유행성 감기에 걸려 크게 앓는 바람에 일을 그만두게 되었다. 어머니는 공부나 계속하라고 했다.

시드니는 열여섯 살이 되어 아프리카로 가는 여객선에 선원으로 취직을 했다. 그의 일은 식사 시간을 알리는 나팔을 부는 것이었다. 시드니가 받은 봉급으로 채플린 가족은 두 칸짜리 방으로 옮겼다.

시드니가 처음 항해에서 돌아왔을 때에는 굉장한 축하 파티가 벌어졌다. 시드니는 팁으로 받아 온 은화 3파운드를 꺼내 침대 위에 뿌렸다. 채플린은 생전 처음 큰돈을 봤기 때문에 달려들어 두 손에 담아 보고 침대 위에 쏟아 보고 쌓아 올려도 보면서 한동안 돈을 만지고 놀았다.

"찰리, 네 모습이 어떤 줄 알아? 꼭 수전노 같아!"

어머니와 시드니가 그런 채플린을 보고 웃으며 놀려 댔다. 하지만 어찌 되었든 좋았다. 그때만큼 행복한 때는 없었다. 가족들은 그 돈으로 지금껏 굶주렸던 한을 풀기라도 하듯 실컷 먹었다. 아침 식사로 청어와 대구 요리를, 차와 함께 토스트를, 일요일 아침에는 머핀과 핫케이크를 먹었다. 이탈리아 사람이 만든 비싼 아이스크림을 사 먹기도 했다.

시드니는 항해 중에 재미있었던 이야기를 많이 들려주었다. 오랫동안 연습을 안 했기 때문에 처음에 나팔을 엉터리로 불어 쫓겨날 뻔한 이야기, 손님에게 주문받은 음식 이름을 잊어버려 고생했던 이야기 따위를 신나게 들려주었다. 채플린은 시드니를 형이자 아버지처럼 믿고 따랐다. 시드니는 돈이 떨어질 때까지 집에 머물다가 다시 항해를 떠났다.

그런데 3주일 후에 돌아오겠다던 시드니가 2개월이 지나도 돌아오지 않았다. 선박 회사에 문의를 하자 시드니가 류머티즘(관절이나 근육에 심한 통증이 따르는 병)에 걸려 남아프리카 공화국의 케이프타운에서 치료를 받고 있다는 소식이 전해졌다. 어머니는 시드니에 대한 걱정 때문에 점점 야위어 갔다. 마침내 바느질품팔이를 위해 빌려 쓴 재봉틀 사용료를 내지 못해 주인이 재봉틀을 가져가 버렸다. 채플린이 매주 댄스 교습으로 벌어들이던 5실링의 수입마저도 갑자기 끊겼다. 시드니의 일도 걱정이었지만 당장 내일 먹을 거리가 더 큰 걱정이었다.

그런데 어머니가 좀 이상했다. 그때 어머니의 나이는 37세 정도였는데, 갑자기 나이가 많은 할머니처럼 시드니가 쓰던 낡아 빠진 팔걸이의자에 기대앉은 채 마냥 창밖만 바라보고 있었다. 원래 어머니는 성격이 밝고 쾌활했으며 늘 정성 들여 청소를 깨끗이 했기 때문에 볼품없는 다락방을 기분 좋은 곳으로 만들곤 했다. 그런데 어머니가 청소마저 하지 않아 숨 막히게 좁은 방이 더욱 음산해졌다. 그 당시 어머니는 영양실조로 몸이 쇠약해질 대로 쇠약해진 데다 계속되는 가난의 고통 때문에 모든 일에 무감동, 무감각해진 상태였다. 하지만 채플린은 그것을 눈치채지 못했다.

여름 방학을 하는 날이었다. 채플린이 학교에서 집으로 돌아왔을 때 문 앞에는 아이들이 잔뜩 막아선 채 채플린을 집 안으로 들어가지 못하게 했다.

"네 엄마가 미쳤대."

작은 여자아이가 채플린에게 말했다. 채플린은 갑자기 뺨이라도 얻어맞은 듯 얼얼했다.

"무슨 뜻이야? 그건……."

채플린은 말을 더듬었다. 곁에 있던 다른 아이가 대답했다.

"정말이야, 집집마다 노크하고 돌아다니면서 아이들 생일 선물 이라면서 석탄 부스러기를 주었대. 우리 엄마한테 물어 봐."

채플린은 아이들을 밀치고 단숨에 계단을 뛰어올라 갔다. 어머니는 여전히 다락방의 창가에 앉아 있다가 멍한 표정으로 채플린을 돌아보았다. 어머니의 얼굴빛이 창백했다.

"엄마!"

채플린은 외치듯 불렀다.

"왜 그러니?"

어머니의 목소리가 이상했다. 채플린은 달려가 어머니의 무릎에 얼굴을 묻고 엉엉 울었다.

"왜 그래? 어디 아프냐?"

어머니가 되물었다.

"엄마가 아프잖아!"

"무슨 소리냐? 나는 건강해!"

하지만 그 말은 이미 텅 빈 동굴에서 울려 퍼지는 소리처럼 허전한 느낌을 주었다.

"아니야! 엄마, 모두들 그렇게 말했어. 엄마가 이웃집에 가
서……."

"그건 시드니를 찾으러 간 것뿐이야. 그들이 시드니를 감추고 있
거든……."

그때 채플린은 모든 것을 알았다. 아이들의 이야기가 거짓이 아
니라는 것도.

의사는 어머니의 진단서를 떼주었다. 병명은 정신이상, 그리고
영양실조라는 항목도 있었다. 어머니는 어린애처럼 고분고분하게
굴었다. 그러나 술 취한 사람처럼 비틀거리며 정신병원으로 들어
갔다. 빈민구호소의 학교에 가기 싫었던 채플린은 친척 집에 갈 거
라고 거짓말을 했다. 어머니가 입원한 후 며칠 동안 채플린은 텅 빈
집에 혼자 살았다. 때로는 구걸을 하고 때로는 굶으면서 지냈다. 시
드니가 돌아오기를 기다리며 장작을 패는 인부들 틈에 끼어 잔심
부름을 하기도 했다.

마침내 시드니가 바싹 마르고 창백해진 얼굴로 돌아왔다. 시드
니는 채플린에게 새 양복을 사 주고 뮤직홀의 특별석 표를 끊어 연
극 구경을 시켜 줬다. 시드니는 채플린에게 장래 계획을 말했다. 선
원 생활을 그만두고 배우가 되기로 했다고 했다. 20파운드를 벌어
가지고 돌아왔으니 20주 정도는 살 수 있을 테고, 그동안 극장에
취직자리를 찾아보겠다고 했다.

시드니와 채플린은 함께 케인힐 정신병원에 입원한 어머니에게 문병을 갔다. 어머니는 얼굴이 창백하고 입술이 새파랬는데, 시드니와 채플린을 보고도 얼굴색이 하나도 변하지 않았다. 건강했던 옛날 모습은 찾아볼 수가 없었다. 간호사가 빨리 가 주길 바라는 듯 말했다.

"상태가 이럴 때 오셔서 안됐습니다. 다음에는 형편이 좋을 때 와주셨으면 좋겠어요."

하지만 시드니는 어머니에게 이런저런 이야기를 열심히 했다. 어머니는 머리를 끄덕이면서 듣고 있었지만 왠지 허전해 보였다. 곧 좋아질 거라고 하자 어머니는 대꾸했다.

"그날 오후에 네가 맛있는 차라도 한 잔 마시게 해줬더라면 병 따위에는 걸리지 않았을걸. 그렇지?"

의사는 시드니에게 어머니의 병이 영양실조에서 온 것이라고 말했다. 채플린은 어머니의 마지막 말 때문에 며칠 동안 괴로워했다. 그때 어머니에게 맛있는 차를 한 잔 마시게 해드렸다면!

# 무대에서 다시 태어나다

# 마침내 배우가 되다

신문팔이, 인쇄공, 장난감 직공, 유리공, 진료소 접수인……. 채플린은 온갖 직업을 전전했다. 하지만 채플린의 꿈은 언제나 하나였다. 형 시드니와 마찬가지로 배우가 되는 것이었다. 채플린은 그것을 단 한순간도 잊지 않았다.

채플린은 틈만 나면 구두에 광을 내고 양복을 깨끗이 다려 입고 블랙모어 배우 중개소에 나갔다. 양복이 너덜너덜해져 사람들 앞에 더 이상 나설 수 없을 때까지 계속했다. 채플린은 배우 중개소에 이름과 주소 등을 등록했다.

기회는 생각보다 빨리 찾아왔다. 시드니가 돌아온 지 한 달이 지났을 무렵, 채플린은 그해 가을 〈셜록 홈스〉를 지방 순회공연 하기로 되어 있는 해밀턴을 소개받았다. 해밀턴은 채플린이 생각보다 어린 것에 놀라면서도 흥미를 느끼는 것 같았다. 당시 채플린의 실제 나이는 열두 살하고 여섯 달이었는데, 소개장에는 나이를 속여 열네 살이라고 말했다. 지방 순회공연을 가기 전에는 〈코크니의 사랑 짐〉에서 아역으로 출연하기로 했다. 채플린은 대본을 받아 품에 꼭 안고 집으로 돌아왔다. 그 대본은 채플린이 태어나서 처음으로 가지게 된 중요한 책이었다.

시드니는 눈물을 글썽거리며 함께 기뻐해 주었다. 일주일에 2파운드 10실링을 받을 수 있다는 것도 채플린과 시드니를 행복하게 해 주었다. 하지만 그보다 더 기뻤던 것은 오랫동안 가슴속에 품었던 꿈, 배우가 될 수 있다는 꿈이 마침내 실현된 것이었다.

"이 일은 우리들 인생의 일대 전기로구나. 어머니도 함께 계셔서 기뻐해 주셨더라면!"

시드니는 정성껏 대본을 읽어 주며 채플린이 대사를 외우는 것을 도왔다. 채플린이 연기하게 된 배역은 신문팔이 소년 새미였는데, 전부 35쪽이나 되는 대사를 채플린은 3일 만에 완전히 외워 버렸다.

최초의 무대는 채플린을 위한 것이었다. 연극은 실패했지만 채플린의 연기만은 좋은 평가를 받았다. 신문에는 연극에 대한 혹평이 실려 있었지만, '그러나 한 가지만은 쓸모가 있었다. 신문팔이 소년 새미다. 이 작품의 희극적 효과는 거의 새미 한 사람이 해냈다고 할 만하다. 이 새미 역은 건강하고 유쾌한 이름난 아역 배우, 찰리 채플린이 훌륭하게 소화해 냈다. 그는 신인으로 크게 발전할 소질이 있다.'고 적혀 있었다. 시드니는 그 신문을 한 다발이나 사 왔다.

채플린과 시드니는 기쁜 소식을 알리기 위해 병원으로 어머니를 찾아갔다. 하지만 어머니는 상태가 좋지 않아 독방에 갇혀 있었다. 다행히 시드니를 보고 제정신으로 돌아온 어머니는 채플린을 곁으로 불러 쓸쓸하고 슬프게 속삭였다.

"길을 잃지 않도록 조심해라. 그렇지 않으면 너까지 이곳에 들어오게 될지도 몰라."

그 후 어머니는 1년 반 동안 정신병원에 입원해 있었다.

〈셜록 홈스〉의 지방 순회공연이 시작되었다. 하지만 채플린은 극단 사람들과 쉽게 어울리지 못했다. 자기가 끼면 여러 사람들의 대화가 어색해지는 것 같은 느낌을 받았다. 채플린은 점점 우울해졌다. 일요일 밤에는 어두운 길을 걸으며 멀리서 들려오는 교회의 종소리에 고독을 달래기도 했다. 혼자 요리를 하고 혼자 먹었다. 가끔 식사까지 제공하는 하숙에 들 때는 가족들과 함께 뜨거운 차를 마시며 막 구워 낸 뜨거운 빵에 신선한 버터를 발라 먹는 맛을 '아름다울 정도로 괜찮은 맛'이라고 느끼기도 했다. 채플린은 외로웠던 것이다.

　　시드니는 그동안 런던에 있었지만 극장 일거리를 잡지 못해 술
집의 바텐더로 취직했다. 시드니는 규칙적으로 채플린에게 편지를
보내 어머니의 소식을 알려 주었다. 채플린은 자기 마음을 글로 잘
표현할 수 없었기 때문에 답장을 자주 쓰지 못했다. 하지만 시드니
가 언젠가 답장을 자주 보내지 않는 것에 섭섭해 하며 그동안 가족
들이 견뎌 온 슬픔과 고통을 편지에 적어 보냈을 때, 채플린은 감동
하여 그 즉시 답장을 썼다. 시드니와 채플린은 평생 변치 않는 형제
의 우애를 지켰다.

　　채플린은 혼자 사는 일에 완전히 익숙해졌다. 그런데 그게 문제
였다. 사람들과 이야기를 나눌 기회를 잃은 탓인지 갑자기 극단 사

람들을 만나면 크게 당황하기도 했다. 무슨 질문을 받아도 제대로 된 대답을 즉시 하지 못하는 것이었다. 그래서 상대방은 채플린이 머리가 좀 잘못되지 않았나 싶어 놀라고 걱정했다. 그와 동시에 옷차림에도 점점 관심이 없어져 깔끔하지 못한 모습이 되어 갔다. 머리는 어지럽게 흐트러지고 옷차림도 엉망이어서 꾸지람을 듣는 일도 잦았다.

그나마 다행인 것은 6개월 동안의 지방 순회공연을 성공적으로 끝마치고 두 번째 순회공연이 끝나 갈 무렵, 어머니가 회복되어 퇴원하게 된 것이었다. 채플린과 시드니는 어머니를 위해 침실 두 개에 피아노가 딸린 거실까지 있는 아파트를 빌렸다. 어머니의 침실에는 꽃을 장식하고 정성 들여 저녁을 준비했다. 채플린과 시드니는 긴장과 행복감에 싸여 어머니를 기다렸다.

어머니는 자식들을 다시 만나게 된 것을 기뻐했다. 하지만 모든 것이 완전히 예전으로 돌아갈 수는 없었다. 채플린과 시드니는 이제 더 이상 아이가 아니었다. 어머니는 초조하게 자기의 기분을 조절하기 위해 애쓰고 있었다. 채플린은 극단 사람들에게 날씬한 몸매, 맵시 있는 옷차림을 한 어머니를 소개하고 싶었다. 하지만 어머니는 어느덧 나이를 먹고 몸도 많이 불어 있었다. 채플린이 어머니의 흐트러진 머리를 걷어 올려 드리며 말했다.

"극단 사람들을 만나기 전에 훨씬 예뻐지셨으면 해요."

어머니는 채플린의 얼굴을 흘낏 쳐다보고는 분첩을 꺼내 얼굴에 분을 바르기 시작했다.

"나는 말이다, 살아 있는 것만으로도 행복하단다, 아들아!"

채플린 역시 어머니와 다시 살게 되어 너무도 행복했다. 어머니는 가끔씩 손님처럼 행동해서 채플린에게 슬픔을 주기도 했다. 하지만 어머니가 전에 살았던 체스터 가에 다시 집을 구해 꾸미면서 어느 때보다 편안하고 안정된 기분을 느꼈다. 시드니도 자기의 꿈대로 배우가 되어 채플린과 함께 일하게 되었다.

채플린이 세 번째 순회공연을 할 때, 어머니로부터 편지가 왔다. 루이스가 람베스 빈민구호소에서 죽었다는 소식이었다. 아버지가 죽은 지 4년이 흘러 있었다. 고아가 된 외아들은 채플린과 시드니가 들어갔던 한웰 학교로 보내졌다고 했다. 어머니는 아이를 찾아가서 먹을 것을 사 주고 돌아왔다. 아이는 말이 없고 눈치만 보며 어딘가 멍청한 느낌이 드는 소년이었다고 했다.

이제는 어엿한 배우가 되어 돈을 버는 자식들 때문에 예전처럼 고생은 하지 않게 되었지만, 어머니의 병은 또다시 어머니를 괴롭혔다. 채플린은 경찰서로부터 헛소리를 지르며 거리를 방황하는 어머니를 보호하고 있다는 연락을 받았다. 이제 채플린과 시드니는 어머니의 운명을 받아들일 수밖에 없었다. 어머니는 채플린과 시드니가 돈을 더 벌어 개인 병원에 입원시킬 때까지 수년 동안 케인힐 정신병원에 입원해 있었다.

〈셜록 홈스〉의 런던 공연이 끝나면서 채플린과 시드니가 속해 있던 할리 요크 유랑극단은 해체되었다. 그 바람에 채플린과 시드니는 졸지에 일자리를 잃었다. 시드니는 당시 유행하던 슬립스틱(익살맞고 활극과 같은 희극) 극단에 새 일자리를 얻었고, 그 재능을 인정받았다. 하지만 채플린은 아직 어렸기 때문에 어느 무대에도 쉽게 오를 수 없었다. 채플린은 시드니가 지방 순회공연을 떠난 뒤 혼자 런던에 남아 여기저기를 쏘다녔다. 또다시 채플린은 혼자가 되었다.

# 쓰라린 첫사랑

어떤 심리학자는 사춘기를 '질풍노도의 시기'라고 불렀다. 몹시 빠르게 부는 바람과 무섭게 소용돌이치는 물결과 같은 시기. 채플린도 이런 사춘기에 접어들었다.

채플린은 아직 예술이 무엇인지 몰랐다. 무대가 자신의 인생에서 어떤 의미인지 몰랐다. 무대는 단지 밥을 먹기 위해 돈을 벌기 위해 오르는 곳이었다. 채플린은 방황했다. 의지할 데가 없는 외로운 채플린은 비틀거리고, 아무 데나 부딪히고, 상처받으면서 사춘기의 혼란을 헤쳐 갔다.

어떤 날은 자기가 세상에서 제일 잘나고 행복한 사람처럼 느껴졌다. 그러다 어느 순간 초라한 자신의 모습 때문에 죽고 싶은 기분을 느꼈다. 끝없이 공상과 망상이 주위에서 펄럭거렸다. 무턱대고 화를 내다가 갑자기 세상의 모든 것을 사랑하고픈 마음에 들뜨기도 했다. 아직 미성숙한 소년이었지만 어른 흉내를 내고 싶었다. 마구잡이로 술을 마시고 방탕하게 지냈다. 하지만 그럴수록 마음은 허전해졌다. 채플린이 진정으로 원하는 것은 따뜻한 사랑과 모든 것을 바칠 수 있을 만큼 가치 있는 모험이었다.

채플린은 서커스단에서 일감을 얻고 형의 도움으로 근근이 살았다. 시드니는 어느덧 유명한 코미디언이 되어 있었다. 시드니는 채플린에게도 기회를 주려고 애를 썼지만 사람들은 채플린이 아직 너무 어리다면서 재주를 믿지 않았다. 채플린은 수염을 길러서 나이를 숨겨 볼까 고민하기도 했다.

채플린은 희망을 잃지 않고 시드니가 준 용돈으로 미국의 유머 콩트집을 사서, 재미있어 보이는 이야기들 몇 개를 노래와 대화로 엮었다. 그리고 가까운 사람들 앞에서 시범을 보이며 꾸준히 연습했다. 마침내 포레스터 뮤직홀에서 시험 삼아 채플린에게 무대에 오를 수 있는 기회를 주었다. 여기서 좋은 평가를 받는다면 영국의 유명한 극장에 모두 출연할 수 있었다. 연습은 완벽했다. 채플린은 한껏 기대에 부풀어 무대에 올랐다.

하지만 예상 밖의 일이 벌어졌다. 무대에 오른 채플린이 몇 마디를 던지기도 전에 관객들은 동전과 오렌지 껍질을 던지고 발을 구르면서 야유했다. 처음에 채플린은 영문을 몰라 얼떨떨했으나 곧 겁이 덜컥 났다. 야유와 휘파람 소리, 게다가 쓰레기들이 무대를 향해 마구 날아오자 채플린은 말이 점점 빨라졌다. 어떻게 공연을 끝냈는지 알 수도 없었다. 채플린은 그날 큰 충격을 받았다.

채플린은 자신감을 잃었다. 하지만 거기서 멈출 수는 없었다. 무대에서의 실패는 채플린을 한동안 괴롭혔지만, 채플린은 그것을 통해 큰 교훈을 얻었다. 자기는 재미있는 말을 지껄여 사람들을 웃기는 코미디언은 될 수 없다는 것이었다. 차라리 분명한 성격을 가진 인물을 연기하는 편이 낫다고 판단을 했다. 채플린은 혼자 힘으로 무대를 이끌어 가는 배우가 되기 위해서는 앞으로도 몇 번이나 더 실패를 거쳐야 할 것이라고 생각했다. 그는 오뚝이처럼 일어났다.

채플린은 자기 손으로 작품을 쓰기 시작했다. 채플린이 쓴 첫 작품은 〈열두 명의 정의로운 사나이들〉이라는 우습고 활극적인 희극이었다. 벙어리에 귀머거리인 배심원, 술고래, 돌팔이 의사가 나오는 연극이었다. 채플린은 이 작품의 연출을 스스로 맡았다. 하지만 이것 역시 3일 동안 연습을 한 후 갑자기 중단되었다. 포레스터 뮤직홀에서 실패를 한 뒤로 하는 일마다 되는 것이 없었다. 하지만 채플린은 절망하지 않았다.

"언제까지 불운이 계속되지는 않을 거야. 평생 좋은 일만 겪으며 살아가는 사람이 없는 것처럼 말이야. 언젠가는 불운이 행운으로 바뀌는 날이 올 거야."

채플린은 옳았다. 용기를 잃지 않는 자에게 행운이 찾아왔다. 채플린은 뛰어난 코미디언이며 많은 희극배우들을 배출하고 다섯 개나 되는 극단을 거느리는 카노라는 사람을 만나게 되었다. 카노를 처음 만난 자리에서 채플린은 말했다.

"저에게 필요한 것은 오직 기회뿐입니다."

거듭 실패를 경험했던 채플린이었지만 언제나 대답은 자신만만했다. 카노는 채플린을 마음에 들어 했다.

"좋아, 그럼 한번 솜씨를 발휘할 기회를 주어 볼까?"

채플린은 카노의 극단에서 공연 중인 〈축구 시합〉이라는 연극에 출연하게 되었다. 채플린의 상대역은 당시 유명한 코미디언이었던 웰던이었다. 하지만 연극은 철저히 웰던을 중심으로 진행되어, 그가 등장할 때까지는 웃음소리 하나 터져 나오지 않았다.

마침내 채플린이 무대에 오를 시간이었다. 채플린은 먼저 관객들에게 등을 돌리고 등장했다. 이것은 순전히 채플린이 생각해 낸 것이었다. 시골뜨기 차림으로 등장한 채플린은 어리둥절해 있는 관객들을 향해 고개를 돌려 새빨간 코를 보여 주었다. 관객들이 웃었다. 이것으로 일단 관객들의 마음을 사로잡은 것이었다. 채플린은 어깨를 움츠린 채 손가락을 퉁기며 무대를 왔다 갔다 하다가 아령에 발이 걸려 와당탕 넘어졌다. 손에 들고 있던 지팡이가 채플린의 빰을 때렸다. 관객들이 와아 하고 웃음을 터뜨렸다.

그때부터 채플린은 거침없이 무대를 누볐다. 연기를 하는 와중에도 끊임없이 아이디어가 솟아났다. 지금까지 웰던이 아니면 아무도 웃기지 못했던 관객들을 채플린은 마음껏 웃겼다. 무대는 대성공이었다. 채플린은 울고 싶도록 기뻤다. 그러나 눈물은 나오지 않았다. 어느새 눈물조차 말라 버린 것이었다.

이제 채플린은 극단에서 가장 중요한 배우 중의 한 사람이 되었다. 하지만 웰던의 질투를 피할 수는 없었다. 연극 중에는 웰던이 채플린을 걸어차고 때리는 장면이 있었다. 그런데 언젠가는 웰던이 채플린을 진짜 코피가 나도록 힘껏 두들겨 패기도 했다. 채플린은 그의 질투 따위는 무시했다. 웰던은 아직 채플린의 천재성을 알지 못하고 있었다. 천재에게는 질투 따위는 필요치 않기 때문이었다.

채플린과 시드니는 런던에 아파트를 얻고 안식처를 꾸몄다. 얼마나 갖고 싶었던 집인지! 하지만 열아홉 살의 채플린은 여전히 가슴 한구석이 허전했다. 인기 코미디언이 되었지만 매일 똑같은 날이 반복되었고 미래에 대한 꿈도 꿀 수 없었다. 먹기 위해서 무대에 오르는 것은 재미가 없었다. 채플린은 우울한 사춘기를 지나가고 있었다.

그때 채플린에게 사랑이 찾아왔다. 카노 극단이 스트레담이라는 극장에서 공연하고 있을 때였다. 채플린의 공연 바로 앞 순서에 여자들로 구성된 무용단이 춤을 추게 되어 있었다. 처음에 채플린은 그들에게 아무 관심도 없었다. 그런데 공연 이틀째 되는 날이었다. 무대에서 춤을 추던 아가씨 하나가 발이 미끄러졌다. 사람들이 순간적으로 킥킥 웃었다. 그때 무용단 가운데 한 여자가 웃는 사람들을 바라보다가 채플린과 눈이 마주쳤다. 달걀 모양의 갸름한 얼굴, 귀엽고 도톰한 입술, 가냘픈 몸매……. 채플린은 마치 전기에 감전된 것 같은 짜릿한 기분을 느꼈다.

그녀의 이름은 헨리에타. 헤티라는 애칭으로 불리고 있었다. 첫눈에 헤티에게 반한 채플린은 공연이 없는 일요일에 데이트를 신청했다. 그리고 멋진 검은 양복 차림에 검정 넥타이를 매고 지팡이까지 든 차림으로 데이트 장소에 나갔다. 그런데 문득, 채플린은 아직까지 한 번도 헤티가 화장을 하지 않은 맨 얼굴을 보지 못했다는 사실을 깨닫게 되었다. 화장을 하지 않은 헤티의 얼굴을 떠올리려 애를 썼지만 그건 아주 희미하게 느껴졌다. 어쩐지 불안했다. 그래, 어쩌면 그 아름다움은 가짜였을 거야! 환상이었던 거야!

채플린은 괴로워하며 전차에서 내리는 여자들의 얼굴을 하나하나 쳐다보았다. 헤티를 못 알아보고 지나칠까 봐 눈을 부릅떴다. 그런데 드디어, 전차에서 내린 한 여자가 채플린을 향해 다가왔다. 아! 채플린은 탄성을 터뜨렸다. 헤티는 화장을 한 얼굴보다 화장을 하지 않은 얼굴이 훨씬 아름다웠다.

채플린은 헤티를 기쁘게 하기 위해 노력했다. 미리 은행에서 돈을 찾아 멋진 식당으로 데려갈 작정이었다. 하지만 헤티는 채플린의 마음을 도무지 이해하지 못했다. 채플린은 진정으로 헤티와 친구가 되고 싶었고, 아름답고 우아한 사람과 가까이 지내고 싶었다. 헤티는 냉정하게 채플린이 사 주는 음식도 먹지 않고 택시도 타지 않았다. 하지만 채플린은 첫 번째 데이트가 너무도 황홀하기만 했

다. 헤티와 헤어진 채플린은 마치 얼이 빠진 사람 같았다.

채플린은 갑자기 부자가 된 듯한 마음으로 강변에서 자고 있는 거지들에게 쓰고 남은 돈을 몽땅 나누어 주었다.

채플린은 3일 연속으로 헤티와 만나 데이트를 했다. 하지만 4일째 되는 날, 헤티는 지금까지와 달리 냉정하고 서먹서먹한 태도로 채플린을 대했다. 헤티는 겨우 열다섯 살이었고, 너무 어린 나이에 사랑에 빠지는 것을 두려워하는 듯했다.

"당신은 너무 큰 힘으로 날 흔들어 놓았어."

채플린은 슬프게 말했다. 하지만 헤티는 마지막 말을 남겨 두고 지하철 속으로 사라져 갔다.

"안녕, 미안해요!"

채플린이 헤티를 만난 것은 모두 다섯 번밖에 되지 않았다. 그것도 20분 이상 길게 데이트한 적이 한 번도 없었다. 하지만 헤티와의 짧은 만남은 오랫동안 채플린의 마음속에 깊은 상처를 남겨 놓았다. 채플린은 간절히 누군가를 사랑하고 싶었고 사랑을 받고 싶었다. 하지만 첫사랑은 물거품처럼 사라져 갔다. 채플린은 다시 마음의 문을 굳게 걸어 잠글 수밖에 없었다.

# 더 넓은 세계로

1908년, 채플린은 최초의 해외 공연을 위해 파리로 갔다. 채플린은 프랑스라는 나라를 언제나 특별하게 생각했다. 왜냐하면 채플린 집안은 원래 프랑스 출신이었고, 언젠가 그들의 조상이었던 프랑스 장군이 영국으로 건너와 만든 가문이라는 이야기를 친척 아저씨에게서 들었기 때문이다.

채플린은 파리 공연을 마치고 영국에 돌아온 후, 진지하게 미국으로 떠나는 문제를 고민했다. 그것은 단순히 모험을 위한 것이 아니라 새로운 세계를 향한 희망이었다. 그곳에서라면 지난날은 모두 잊고 새롭게 출발할 수 있을 것 같았다. 채플린은 주연급 코미디언 한 사람을 데려가기 위해 온 미국 극단의 매니저 리브스 앞에서 최선을 다해 연기했다.

　미국으로 가는 일이야말로 채플린이 기다리고 기다리던 기회였다. 영국에서 배우로 일한다는 것이 힘들고 벅찼다. 사실 채플린은 학교에서 제대로 공부한 일이 거의 없는 상태였다. 그러므로 뮤직 홀의 배우로서 실패를 한다면 곧장 남의 집 하인밖에 할 수 없는 처지였다. 채플린은 미국으로 떠나서 돌아오고 싶지 않았다. 태어나서 자란 영국이지만 돌아보고 싶지 않은 기억이 너무 많았다. 채플린은 심지어 형 시드니에게까지 떠난다는 말을 하지 않았다. 다만 잠든 시드니의 머리맡에 쪽지 한 장을 남겼다.

　'미국으로 갈 거야. 편지하겠어. 사랑을 담아, 찰리.'

　채플린은 꼬박 12일 동안 배를 탄 끝에 일요일 아침 뉴욕에 도착했다. 하지만 미국의 첫인상은 그리 좋지 않았다. 거리는 더러웠고 모퉁이마다 낡은 옷을 입은 구두닦이들이 너저분하게 자리 잡고 있었다. 그런가 하면 뉴욕은 냉정한 도시였다. 고개를 치켜들고 봐야 하는 까마득히 높은 빌딩들은 보통 사람들 따위는 우습게 여기는 듯했다. 채플린은 뉴욕 43번 가 근처에 작은 방 하나를 얻었다. 지저분하고 침침한 방이었다.

　첫날부터 채플린은 사람들과 잘 어울릴 수가 없었다. 채플린이 쓰는 영어는 영국식 억양이 강한 데다 느렸기 때문에 잘 알아듣지 못하는 사람들이 많았다. 미국 사람들의 영어는 무섭도록 빨랐다.

채플린의 눈에는 미국 사람들 역시 엄청나게 급히 행동하는 것처럼 보였다. 하지만 저녁이 되어 거리의 가로등이 하나둘씩 켜질 무렵, 채플린은 비로소 마음을 놓고 정을 느꼈다. 거리는 활기에 차 있었고 사람들은 싹싹했다.

"바로 여기가 내가 있을 도시야!"

채플린은 희망과 모험심에 넘쳐서 중얼거렸다. 뉴욕은 무엇보다 브로드웨이로 유명하다. 브로드웨이는 뉴욕 맨해튼을 가로지르는 큰길인데, 이 거리엔 워낙 뮤지컬을 중심으로 하는 극장들이 많아서 흔히 이 부근의 극장가를 브로드웨이라고 부르기도 한다. 하지만 공연의 천국과도 같은 브로드웨이에서 채플린이 약속받은 시간은 단지 6주뿐이었다. 미국에 언제까지 머무를 수 있느냐는 것은 오로지 6주 동안의 공연이 성공이냐 실패냐에 달려 있었다. 만일 실패한다면 보따리를 꾸려서 영국으로 돌아가는 수밖에 없었다.

카노는 〈와와〉라는 작품을 브로드웨이 무대에 올리기로 했다. 하지만 채플린은 그 작품을 좋아하지 않았다. 그것은 따분하고 의미 없는 희극이었다. 몇 번의 공연이 실패로 끝났을 때 채플린은 카노에게 다른 작품으로 공연하자고 제안했다. 하지만 카노는 고집불통이었다.

채플린은 미국 관객들과 브로드웨이의 다른 배우들에게 비웃음을 사고 외면당하는 것이 너무 속상했다. 공연이 없는 낮에는 하루 종일 낯선 거리를 걸어 다녔다. 동물원이나 공원, 수족관, 박물관 따위를 기웃거리기도 했다. 그렇게 지치도록 떠돌고 나서야 겨우 스스로를 위로할 수 있었다.

공연이 완전히 실패라는 것이 분명해지자 뉴욕은 어느 곳보다 무서운 도시로 느껴졌다. 까마득히 높은 빌딩, 서로 으르렁대며 다투고 이기려고 애쓰는 것 같은 사람들의 분위기를 견딜 수 없었다. 빌딩이 높고 상점의 일류 물건들이 번쩍거릴수록 채플린은 자신이 얼마나 이곳에 어울리지 않는 초라한 존재인가를 느꼈다. 채플린은 꿈과 환상 속에서 천국이라고 생각했던 미국의 또 다른 얼굴을 보게 되었다.

미국인들은 열정적인 꿈을 가진 낙천적인 사람들이며 좌절을 모르는 모험가이기도 했다. 언제나 날쌔게 '한탕' 하기를 노렸다. 그들은 노골적으로 외쳤다. 성공하라! 출세하라! 남을 딛고 일어서라! 알짜배기를 낚아채서 도망쳐라!

채플린은 한동안 방황했지만 다시 자신감을 찾았다. 밑바닥까지 내려가서 다시 솟구쳐 올라오는 것이 채플린의 특기였다. 채플린은 기분 전환을 위해 헌책방에서 교과서를 사서 공부를 하기 시작했다. 사실 카노 극단의 공연은 실패했지만 채플린에 대한 평가는 나쁘지 않았다. 연극 평론가 사임 실버맨은 채플린을 두고, '이 극단에 한 사람만은 재미있는 영국인이 있다. 그 같으면 미국인에게도 받아들여질 것이다.'라고 썼다.

　6주의 공연이 끝나면 곧바로 영국으로 돌아가야 할 줄 알았다. 그런데 3주째에 영국인 관객들이 몰려오면서 20주 동안 서부 순회공연을 해 달라는 제의가 들어왔다. 봉급은 적었지만 서부는 생활비가 싸서 돈을 모으기에 좋았다. 채플린은 봉급의 대부분을 뚝 떼어 맨해튼의 은행에 저축했다.

　서부 여행은 흥미로웠다. 채플린은 여행 중에 사귄 친구와 함께 무대를 떠나 돼지를 칠 계획을 꾸미기도 했다. 둘의 저축을 합친 2천 달러로 땅과 돼지를 사서 농장을 꾸밀 생각이었다. 채플린은 엉뚱하게도 순회공연을 하는 내내 돼지꿈을 꾸었다. 그때 만일 채플린이 양돈학(돼지를 기르는 법)에 관한 책을 한 권 사 보지 않았다면, 천재 배우 채플린은 영영 없었을지도 모른다. 그 책에는 새끼 돼지를 거세(동물 수컷의 생식 기능을 잃게 하는 일)시키는 법에 대해 그림과 함께 자세히 설명되어 있었다. 그런데 그것을 읽자마자 채플린은 양돈에 정나미가 뚝 떨어져 버렸다.

　채플린은 순회공연 내내 바이올린과 첼로를 가지고 다녔다. 채플린은 열여섯 살부터 날마다 네 시간에서 여섯 시간 동안 잠자기 전에 악기를 연습해 왔다. 그리고 기회가 될 때마다 극장의 지휘자들에게 매주 레슨을 받았다. 훗날 채플린이 감독하고 출연한 영화 대부분은 채플린이 직접 음악을 담당했다. 연출, 연기, 음악에 이르기까지…… 만능 예술인 채플린은 이처럼 꾸준한 연습과 노력 속에 만들어졌다.

시애틀, 밴쿠버, 포틀랜드, 샌프란시스코, 로스앤젤레스…… 미국 각지를 떠돈 끝에 극단은 마침내 솔트레이크 시티에서 마지막 공연을 했다. 그리고 〈영국 뮤직홀의 하룻밤〉이라는 작품으로 또다시 6주간의 뉴욕 공연과 20주 동안의 순회공연을 했다. 하지만 아직도 채플린은 미국 생활이 불안하기만 했다. 공연이 끝나면 언제라도 곧장 영국으로 돌아가야 했기 때문이다.

언젠가 샌프란시스코에서 채플린은 트럼프 점과 손금을 보는 점집에 우연히 들어가게 되었다. 늙고 뚱뚱한 여자 점쟁이는 카드를 한 장씩 떼어서 탁자 위에 늘어놓고는, 채플린의 손바닥을 뚫어지게 바라보며 말했다.

"당신은 지금 먼 여행을 생각하고 있군요. 하지만 곧 돌아와서 새로운 일을 시작하게 될 거예요. 그 새 일에서 당신은 큰 성공을 거둘 거예요. 그래요, 엄청난 출세예요. 다만 무슨 일인지는 나도 몰라요."

여자는 다시 덧붙여 말했다.

"당신은 엄청난 부자가 될 거예요. 이것은 말이에요, 돈 만드는 손이에요. 그리고…… 82세에 죽는군요. 기관지염으로요."

그리고 여자는 채플린에게 1달러를 달라고 말했다. 채플린은 웃으면서 그녀에게 돈을 주고 나왔다. 기분이 나쁘지 않은 예언이었지만 다 믿지는 않았다. 채플린은 드디어 미국을 떠났다. 다시 돌아오리라는 기약은 없었다.

# 새로운 영웅

시드니는 그사이 결혼을 했다. 그래서 채플린은 영국에 돌아와도 갈 곳이 없었다. 채플린과 시드니가 함께 꾸민 아파트는 사라지고 없었다. 채플린은 미국에서 그토록 그리워했던 집이 없어져서 몹시 슬펐다. 채플린은 브릭스턴 가의 깊숙한 골목에 작은 방 하나를 얻었다. 그리고 기회만 닿으면 다시 미국으로 돌아갈 결심을 했다.

채플린은 일요일마다 시드니와 함께 어머니를 만나러 갔다. 어머니의 병은 좀처럼 낫지 않았다. 어머니는 구금실에 수용되어 있었다. 당시는 정신병을 앓는 환자에 대한 치료법이 발달되지 않은 때였다. 언젠가 어머니는 머리에서부터 냉수를 퍼붓는 쇼크 요법을 치료받고 새파랗게 얼굴이 질려 있기도 했다. 충격을 받은 채플린과 시드니는 어머니를 사립병원으로 옮겼다.

채플린은 점점 자기 스스로를 알 수 없다는 기분을 느꼈다. 찰스 채플린이라는 인간의 뿌리가 송두리째 뽑힌 것처럼 느껴졌다. 새 일거리가 주어졌고 공연에 대한 평가도 좋은 편이었지만, 채플린은 언제나 다시 미국에 갈 수 있을까 하는 생각만 하고 있었다. 채플린은 영국을 사랑했다. 그러나 도저히 영국에서 살 수는 없었다. 지금까지 자기가 살아온 환경, 밑바닥 생활을 생각하면 항상 불안하고 두려웠다.

그래서 채플린은 다시 미국으로 갔다. 이번에는 미국에 도착해서도 마음이 아주 편했다. 채플린은 미국 순회공연을 하는 동안 극단의 동료들과 어울리기보다는 혼자 숙소를 잡고 지냈다. 채플린은 지식에 대한 욕심으로 불타올랐다. 틈만 나면 헌책방을 뒤지고 공부를 했다. 하지만 공부 자체를 좋아하고 즐기는 순수한 마음만은 아니었다. 세상은 무식한 인간을 천대하고 멸시했다. 학교를 제대로 다니지 못한 채플린은 늘 마음 깊숙이 열등감을 가지고 있었다. 그래서 채플린은 스스로를 지키기 위해 공부를 했다.

5개월 동안 쉬지 않고 소도시를 돌아다니며 공연을 했다. 그러다 필라델피아에 도착했을 때, 채플린을 기다리는 소식이 있었다. 뉴욕에 있는 케셀 보만이라는 사람이 채플린을 만나고 싶다고 했다. 그는 영화 프로듀서였다. 그는 키스턴 영화사에서 만드는 희극영화에 채플린을 출연시키고 싶다고 했다.

사실 채플린은 처음부터 영화에 관심이 있던 것은 아니었다. 하지만 영화사는 채플린에게 150달러가 넘는 비싼 급료를 주겠다고 했다. 영화는 연극과 달리 선전 효과가 매우 컸다. 채플린은 영화에서 성공한다면 일약 국제적 스타가 될 수도 있다는 생각에 승낙을 했다. 이것은 채플린 인생의 큰 전환점이었다. 극단의 동료들은 공연을 마치고 영국으로 돌아갔다. 이제 미국에는 채플린 혼자 남았다. 진정한 독립의 시작이었다.

채플린은 기대와 불안감을 함께 안고, 로스앤젤레스에 도착했다. 새로운 환경은 언제나 채플린에게 두려움을 주었다. 채플린은 스튜디오 앞까지 갔다가 몇 번이고 그냥 돌아왔다. 낯선 사람들에게 자기를 소개하고, 그들과 함께 어울린다는 것이 어색했기 때문이다. 하지만 마침내 용기를 내어 스튜디오에 들어섰을 때, 채플린은 스튜디오에 완전히 사로잡혔다.

그곳에는 부드러운 빛이 무대 전체를 비추고 있었다. 마치 꿈속과 같이 은은한 느낌이었다. 그렇게 조명을 써서 찍으면 한낮의 햇빛 아래 촬영을 하는 것과 같은 효과를 낸다고 했다. 각각 다른 배경의 세트는 또 얼마나 신기한지! 채플린은 세계 박람회를 구경하는 것 같은 기분을 느꼈다. 제작자 세네트가 채플린에게 자신들의 독특한 영화 제작법을 설명해 주었다.

"우리는 시나리오라는 것이 없거든. 어떤 아이디어가 떠오르면 그 다음은 자연히 사건의 진행을 좇게 되고, 마침내는 자연적으로 풀려 나가게 되는 거지. 이것이 우리 희극의 본질이야."

하지만 채플린은 그와 생각이 조금 달랐다. 그렇게 하면 배우의 개성을 나타낼 수 없다는 것이 채플린의 생각이었다. 물론 채플린은 영화에 대해 전혀 몰랐다. 하지만 지금까지 무대에 섰던 경험으로 보아, 개성이야말로 가장 중요한 문제라는 것이 채플린의 믿음이었다.

채플린은 희극배우 포드 스터링이 하는 연기를 이어받을 계획이었다. 스터링은 당시 최고의 배우였고 인기도 많았다. 하지만 채플린의 연기 방식은 스터링과 정반대였다. 그럼에도 영화는 전부 스터링을 위해 만들어지고 있었다. 다른 배우들도 스터링을 흉내 내는 데 바빴다. 사람들은 영화에 대해서는 아무것도 모르는 채플린이 과연 스터링을 잘 이어받을 수 있을까 의심하는 듯했다.

채플린은 제일 처음으로 레이먼이라는 감독의 영화에 출연했다. 그는 언제나 입버릇처럼 "관객을 웃기는 데는 배우의 개성 따위는 필요 없다. 기계적인 효과와 편집의 기술만 있으면 충분하다."고 떠들어 대는 사람이었다. 채플린은 무척 웃기는 여러 가지 아이디어를 내놓았다. 하지만 나중에 완성된 필름을 보고 크게 실망하고 말았다. 채플린의 연기가 웃음을 불러일으킬 만한 대목마다 모두 끊기고 잘려 버린 것이었다. 훗날 알게 된 사실이지만, 레이먼이 채플린의 재능을 시기하여 그런 지시를 내린 것이었다.

또다시 채플린에게 기회가 왔다. 촬영을 하고 있던 세네트가 구석에서 구경을 하던 채플린에게 무엇이든지 좋으니 희극적인 차림을 하고 한번 나와 보라고 했던 것이다. 사실 구경만 하던 채플린에게 당장 무슨 분장이 생각날 리가 없었다. 하지만 의상실로 가면서 채플린은 문득 괜찮은 생각을 떠올렸다. 헐렁헐렁한 바지, 털럭거리는 큰 구두, 거기에 지팡이와 굴뚝 모자를 걸치면 어떨까? 아직 나이가 어린 채플린은 거기다가 조그만 콧수염까지 덧붙였다. 이렇게 하면 표정을 무리하게 짓지 않아도 적당히 늙어 보일 것이라고 생각했다.

의상을 갖추고 분장을 끝냈을 때, 채플린은 이미 그 인물이 되어 있었다. 사실 인물의 성격까지야 생각하지 못하고 있었는데, 옷을 갖춰 입자 저절로 그 인물이 되어 버린 것이다. 무대 위에 섰을 때, 채플린은 완전히 떠돌이 방랑자가 되어 있었다.

채플린은 서슴없이 지팡이를 흔들며 걸어 다녔다. 채플린의 머릿속은 개그와 희극의 아이디어로 가득 차 있었다. 세네트는 온몸을 부들부들 떨 만큼 웃고 또 웃어 댔다. 거기에 용기를 얻은 채플린이 자신이 분장한 인물에 대해 설명했다.

"그러니까 이 남자는 참으로 복잡한 인물입니다. 방랑자인가 하면 신사이기도 해요. 시인, 몽상가, 거기에 쓸쓸하고 고독한 남자,

그러면서 언제나 로맨스와 모험만을 좇고 있지요. 남이 자신을 과학자, 음악가, 공작, 운동선수 따위로 생각해 주기를 바라고 있어요. 그런 주제에 할 수 있는 일이라곤 기껏 담배꽁초 줍기, 아이들의 눈깔사탕 뺏어 먹기 정도밖에 없지요. 물론 경우에 따라서는 부인의 엉덩이를 걷어차는 것도 서슴지 않겠지만, 그것은 이만저만 화가 났을 때가 아니면 없는 일이죠."

그 인물은 바로 채플린, 자신이었다.

채플린이 연기를 하는 동안 많은 사람들이 몰려들었다. 다른 세트의 배우들까지도 일을 내던지고 구경을 왔다. 스태프(연극이나 영화에서 연기자 이외에 제작에 참여하는 사람. 원작·제작·감독·음악·조명·촬영 따위를 맡은 사람)들이 줄줄이 모여들었다. 구경꾼들은 배를 잡고 웃으면서 새로운 스타의 탄생을 지켜보고 있었다. 나중에 안 일이지만 포드 스터링까지도 사람들 너머로 구경을 하고 있었다고 했다.

세네트와 채플린은 호흡이 잘 맞았다. 채플린이 여러 가지 의견을 내놓으면 세네트는 척척 잘 받아 주었다. 그러는 동안 채플린은 차츰 자기도 창작에 재능이 있다는 것을 알았다. 그리고 스스로 이야기를 만들 수 있다는 자신감에 눈뜨기 시작했다. 채플린에게 이런 생각을 갖게 한 것도 세네트였다.

하지만 세네트가 아닌 레이먼이나 다른 감독들과 일을 할 때, 채플린은 또다시 개성 없는 한 사람의 배우일 뿐이었다. 채플린은 사사건건 감독들과 부딪혀서 영화사의 골칫덩이가 되었다. 하지만 채플린은 자기가 잘난 맛에 고집을 피우는 것이 아니었다. 오직 영화를 위해 자신의 의견을 내고 굽히지 않는 것뿐이었다.

채플린은 감독과 싸워 해고될 뻔하기도 했다. 하지만 자기에게 감독을 시켜 주는 조건으로 일단 감독의 말을 듣기로 했다. 그런데 사실은 영화사가 채플린의 말을 들어준 이유가 따로 있었다. 채플린이 출연한 영화가 뉴욕에서 크게 히트를 치는 바람에 채플린의 영화를 더 보내 달라는 소식이 영화사에 전달되었던 것이다. 어쨌든 채플린은 계속 일할 수 있었고, 마침내 스스로 감독을 할 기회를 얻게 되었다.

1914년 당시, 영화감독의 기술이란 너무나 간단했다. 단순하게 인물을 내고 들이는 데 관한 초보적인 지식만 갖고 있으면 되었다. 예를 들면 어느 인물이 화면의 오른쪽으로 사라졌다면 다음 장면에서는 왼쪽으로 등장시킨다. 또 카메라를 마주 보며 퇴장했다면 이번에는 등을 보이며 등장시킨다, 하는 식이었다. 하지만 채플린은 남의 흉내를 내는 데 만족하지 않았다. 채플린은 모두가 놀랄 정도로 빠르게 자기만의 영화를 만드는 방법을 찾아갔다. 채플린이 처음부터 자기 영화에 자신감을 가졌던 것은 아니다. 자신 있게 스스로 하겠다고 나섰지만 막상 자기 영화가 얼마나 사람들에게 통할지에 대해서는 알 수 없었다. 영화는 어디까지나 보는 사람들이 평가를 하는 것이다. 자기가 아무리 좋은 영화라고 우겨도 보는 사람들이 재미없다고 평가하면 그만인 것이다. 채플린은 자신이 있었지만 한편으로는 두려웠다.

채플린이 처음 만든 작품은 〈소나기〉라는 것이었는데, 채플린은 세네트가 뭐라고 평가를 할까 하는 것이 제일 걱정이었다. 그런데 영화를 보고 나온 세네트는 제일 먼저 이렇게 말했다.

"그럼 다음 작품은 언제 시작하나?"

일단 합격이었다. 그 뒤로 채플린은 모든 작품의 각본을 직접 쓰고 감독을 했다. 열심히 일한 만큼 보수도 많아졌다. 채플린은 자주 일반 관객들에 섞여서 자기 작품을 구경했다. 처음에 그들은 채플린이라는 배우에 별로 관심이 없었다. 하지만 이제는 키스턴 코미디라는 광고만 보고도, 채플린이라는 이름만 보고도 즐거운 듯 웃기 시작했다. 채플린은 이제 대중의 스타였다.

채플린은 키스턴 영화사에서 많은 것을 배웠다. 당시의 영화는 극본을 쓰는 법, 배우들의 동작, 자연스러운 팬터마임 등에 대한 지식이 거의 없었다. 하지만 이런 황무지 같은 곳이 채플린에게는 더없이 매력적으로 느껴졌다. 말하자면 아무도 개척하지 못한 곳에 뛰어들어 자기 왕국을 세우는 일이었다. 훗날 채플린은 일생을 통틀어 이때 가장 보람 있고 눈부신 일을 많이 했다고 회고했다. 스물 다섯 살의 채플린에게는 매일매일 빛나는 기적이 일어났다.

성공을 하고 여유가 생기자, 채플린의 성격도 많이 바뀌었다. 그토록 낯선 사람들을 두려워하던 채플린이 스스럼없이 사람들과 친해졌다. 엑스트라에서 많은 스태프들에 이르기까지 채플린은 모두의 '찰리'가 되었다. 채플린은 사람들이 자기에게 친절하게 대하는 것이 기뻤다. 그것은 자기가 스타라는 증거이기도 했다.

처음에 채플린은 잠깐 영화를 하다가 연극으로 돌아갈 생각이었다. 하지만 점차 영화의 매력에 빠져들었다. 연극의 무대는 답답한 테두리에 갇혀 있었다. 매번 같은 일이 반복되고, 거기에서 벗어나지 않도록 조심해야 했다. 하지만 영화는 너무나 융통성이 많고 자유로웠다. 채플린은 강한 모험심을 느꼈다.

당시 작품은 일주일에 한 편씩 만들어졌다. 장편이라도 2주일이나 3주일이면 충분히 만들었다. 크게 히트를 친 〈채플린의 빵집〉 같은 영화도 촬영을 한 날짜는 겨우 9일이었다. 그러는 와중에 숱한 성공작이 나왔다. 〈사랑의 20분간〉, 〈웃음기〉, 〈채플린의 무대 담당〉 등등.

가을이 끝나 갈 무렵 영국에서 시드니가 찾아왔다. 채플린은 시드니를 세네트에게 추천했다. 그는 또 하나의 채플린을 갖게 된 것을 무척 좋아했다. 시드니는 언제나 그랬듯이 채플린을 믿고 사랑했다. 채플린은 자기가 만든 영화를 보여 주면서 자기가 영화를 한다는 걸 어떻게 생각했었느냐고 물었다.

"응, 네가 하는 일이니 틀림없이 성공할 거라고 믿었지."

시드니야말로 외로운 채플린에게 어머니이면서 아버지인, 든든한 형이었다.

채플린은 자신감이 넘친 나머지 키스턴 영화사에 일주일에 1,000 달러라는 엄청난 급료를 요구했다. 사실 그렇게 한 것은 인기라는 것이 덧없는 것이라는 생각 때문이었다. 키스턴 영화사는 채플린과 계약할 것을 주저하며 미루었다. 그러는 동안 채플린은 시드니와 함께 독립할 꿈을 꾸었다. 하지만 시드니는 너무 위험이 크다며 말렸다. 결국 채플린 혼자 에사니 영화사로 옮기기로 결정했다.

빈민구호소를 전전하던 가난뱅이 소년은 어느덧 일주일에 1,250달러를 받는 영화계의 새로운 영웅이 되어 있었다.

# 행복 속의 고독

채플린은 키스턴 영화사를 떠나 에사니 영화사로 갔다. 하지만 익숙했던 키스턴 영화사와 달리 에사니 영화사에 적응하는 데는 꽤 시간이 걸렸다. 에사니 영화사는 제일 오래된 영화사인 데다 특허권이 보호되어 독점을 하고 있었다. 그래서 굳이 모험을 하여 좋은 영화를 만들 생각이 없었다.

채플린은 나일스에 있는 스튜디오로 장소를 옮겼다. 스튜디오를 옮기면 여러 가지 골치 아픈 일을 해결해야 했다. 먼저 자기의 팀을 새로 짜야 하는 것이다. 뛰어난 카메라맨, 조감독, 전속 출연자들을 뽑아야 했다. 채플린은 한시바삐 일을 시작하고 싶어서 세트가 만들어지는 동안 주연 여배우감을 찾아다녔다. 여기저기 수소문을 한 끝에 에드나 퍼비언스라는 아름다운 아가씨를 만나게 되었다. 에드나는 조용하고 조심스러운 성격에 크고 아름다운 눈, 깨끗한 이와 선명한 입술을 가진 아가씨였다. 과연 저런 사람이 관객을 웃길 수 있을까 걱정은 되었지만, 채플린은 그녀를 채용했다.

채플린은 곧장 아이디어를 짜기 시작했다. 우선 제목부터 생각해 냈다. 〈철야 운전〉(감독·주연 채플린, 1915년). 한 술주정꾼이 즐거움을 쫓아다니는 이야기를 떠올리고 구상을 했다. 나이트클럽 세트에는 분수를 달았다. 보통 사람들이 생각하지 못한 엉뚱한 장치를 하는 것이 채플린의 특징이었다. 여기서부터 개그가 생겨나리라고 생각했기 때문이었다. 그리고 지금까지 에사니 영화사에서 별로 빛을 보지 못하던 사팔뜨기 벤 터핀에게 멍텅구리 역을 시켰다.

채플린의 영화는 개봉할 때마다 큰 인기를 얻고 성공했다. 채플린은 점점 부자가 되어 갔다. 채플린의 영화 속 주인공은 장난감이나 인형이 되어 백화점에서 날개 돋친 듯이 팔렸다. 책, 의류, 양초, 장난감, 담배, 치약에 이르기까지 온갖 상품의 업자들이 계약을 하자고 몰려들었다. 산더미처럼 쌓이는 팬레터는 이제 골칫거리가 될 정도였다. 채플린은 다시 로스앤젤레스로 돌아왔다. 로스앤젤레스에는 시드니가 살고 있었기 때문에 채플린은 마음이 편안했다. 시드니는 아직 키스턴 영화사에서 일하고 있었는데, 채플린이 성공하자 채플린의 매니저 일을 맡게 되었다.

앞으로 채플린을 기다리는 미래는 눈부셨다. 하지만 채플린은 가끔 자기 스스로에게 물었다. 미래, 희망…… 나는 대체 어디로 가고 있는 것일까?

채플린은 자기가 일구어 낸 부와 성공에 당황하고 놀랐다. 그것은 너무도 눈부셔서 마주 보기 어려웠다. 그때 채플린은 미국 무대에서 가장 위대한 배우이면서 코미디언으로 이름이 나 있는 내트 구드원을 만났다. 그는 나이가 들어 이미 은퇴를 한 후였는데, 선배이자 다정한 친구로서 채플린에게 조언을 해 주었다.

"당신은 대단히 성공했소. 그리고 앞으로 처신만 잘해 나간다면 빛나는 생활이 기다리고 있을 거요. 그런데 뉴욕에 가면 브로드웨이 따위에는 절대로 나가지 마시오. 대중의 눈이란 것을 될수록 피하라는 얘기요. 성공한 배우들은 흔히 사람들 앞에 나가 자기를 보여 주고 칭찬받고 싶어 하는데, 그것이 잘못의 원천이오. 이미지를 망가뜨릴 뿐이오. 당신에게도 그러한 초대들이 밀려들겠지. 하지만 결코 응해서는 안 되오. 친구도 한두 명만 골라 사귀고, 나머지는 상상하는 것으로 만족해야 하오. 당신은 이제 세계를 정복했소. 그렇지만 언제까지나 그 자리를 누리고 싶거든 세계 밖에서 살아야 한다는 걸 명심하시오!"

채플린은 내트의 조언을 가슴에 새기며 뉴욕으로 떠났다. 분장을 하지 않은 맨 얼굴이면 사람들은 누구도 채플린을 알아보지 못

했다. 하지만 사람들은 채플린을 기다리고 있었다. 기차가 텍사스 주 아마릴로 역에 섰을 때, 채플린을 만나려는 팬들이 잔뜩 몰려왔다. 한바탕 소동이 벌어졌다. 채플린은 수염을 깎기 위해 옷을 벗어 속옷 차림이었는데 그대로 끌려가서 연설을 해야 했다.

기차 속으로 돌아온 채플린은 몸을 움츠리고 앉아 있었다. 머리가 멍멍했다. 그런데 이번에는 기차 속에서 난리가 났다. 승객들이 그제야 채플린을 알아보고 얼굴을 들여다보며 웃고 떠드는 것이었다. 하지만 채플린은 사실 진정으로 기뻐하는 마음이 아니었다. 기쁨보다는 흥분이 더 컸다. 그리고 자랑스러움과 함께 가슴이 찌그러질 것만 같은 슬픔이 몰려왔다.

이제 기차가 서는 역마다 환영식과 함께 사람들의 물결이 채플린을 에워쌌다. 채플린은 그때마다 불려 나가 인사말을 해야 했다. 시장들은 학교나 시설을 방문해 달라고 부탁했다. 하지만 채플린은 여전히 어안이 벙벙했다. 겨우 우당탕 희극 몇 편으로 왜 이렇게 법석들일까? 명성이란 애당초 엉터리 같은 것이 아닐까?

사실 채플린은 진정으로 인기를 원했다. 그리고 드디어 그것을 얻었다. 그런데 왜 이럴까? 이상하게도 그토록 원하던 인기를 얻은 바로 그 순간, 채플린은 고독의 한복판에 쓸쓸하게 내던져진 기분을 느꼈다. 앞으로 나는 도대체 어떻게 되는 것일까? 어떻게 하면 사람들과 어울려 가까이 지낼 수 있을까?

모든 사람들이 채플린의 이름을 외치고, 채플린을 열렬히 사랑하는 것 같았다. 하지만 채플린이 다가서서 다정하게 이야기를 걸 수 있는 사람은 아무도 없었다. 채플린을 진정으로 이해할 수 있는 사람도 없을 것 같았다. 채플린은 우울하게 혼자 중얼거렸다.

"난 참 불쌍한 인간이 되었군."

한 사람의 이름 없는 한 명의 영국 배우로 처음 발을 디뎠던 뉴욕에 채플린은 유명한 배우가 되어 돌아왔다. 하지만 아무도 만나고 싶지 않았다. 딱 한 사람, 채플린의 첫사랑이라고 할 만한 헤티 켈리가 생각났다. 만일 지금 만난다면 어떤 반응을 보일까?

며칠 뒤 시드니가 의기양양하게 호텔로 찾아와서 소식을 알렸다. 연봉 67만 달러라는 엄청난 돈을 받고 뮤추얼 영화사와 계약했다는 것이었다. 채플린은 그 소식을 남의 일처럼 무감동하게 들었다.

채플린은 고독을 물리쳐야 한다고 생각했다. 고독에 빠져 허우적대는 일이 부끄러웠다. 이제 채플린은 친구를 사귀는 데 부족함이 없었다. 젊음, 돈, 명성, 모두를 갖추고 있었다. 그런데…… 가까운 친구는 한 명도 없었다. 채플린의 가슴속에서 스스로에 대한 불만이 쌓였다. 하지만 채플린은 본래 성격이 내성적이고 수줍음을 많이 탔다. 그리고 마음속 깊이 열등감을 갖고 있는 채플린에게 쉽게 친구가 생길 리 없었다.

채플린은 다시 일에 빠져들었다. 할리우드 중심부에 스튜디오를 차리고 재능 있는 스태프들과 배우를 모았다. 뮤추얼 영화사에서 만든 첫 번째 작품 〈매장 감독〉은 대성공이었다. 그로부터 〈소방수 채플린〉, 〈방랑자 채플린〉, 〈채플린 백작〉, 〈지배인 채플린〉, 〈채플린의 스케이트〉 등 12편의 영화를 만드는 데 16개월이 걸렸다. 아무리 영화가 짧고 간단하게 만들어졌다고 해도, 12편의 영화를 연이어 만들어 내기란 쉽지 않은 일이었다. 더구나 채플린은 감독과 주연을 맡아 스크린 안팎에서 종횡무진해야 했으니!

하지만 채플린이 천재였다고 해서 언제나 일이 잘 풀리기만 한 것은 아니었다. 늘 새로운 이야기를 만들어 내는 데 때로는 한계를 느끼고 고민을 했다. 하루 종일 생각하고 또 생각한 끝에, 도저히 방법이 없을 것만 같던 문제가 해결되기도 했다. 무심코 대리석 바닥에 잔뜩 쌓인 먼지를 털어 내다가, 마침내 찾고 있던 아름다운 장면을 발견해 내기도 했다. 채플린이 자기의 숙제를 풀고 난 다음에야 스튜디오가 다시 움직였다.

채플린의 영화에는 치고받고 넘어지고 부수는 장면이 많이 나온다. 하지만 채플린과 함께 일한 배우들 중 부상당한 사람은 하나도 없었다. 서로 치고받고 싸우는 장면에서는 신중히 연습을 되풀이했다. 그래서 마치 발레의 스텝처럼 배우들이 동작 하나하나를 완전히 익히게 했다. 폭력, 지진, 배의 난파, 천재지변 등등, 어떤 것이라도 인공적으로 만들어 낼 수 있는 영화의 세계에서 배우의 부상은 있을 수 없는 일이라고 채플린은 생각했다.

뮤추얼 영화사에서 일하는 동안, 스물일곱 살의 채플린은 아무 걱정이 없었다. 어쩌면 그때가 가장 밝은 기분으로 꿈과 같은 미래를 그리며 일했던 때인지도 모른다. 백만장자의 꿈도 멀지 않은 것 같았다. 돈은 얼마든지 금고로 흘러 들어오고 있었다. 채플린은 돈에 대해 늘 신경을 써야 한다고 생각했다. 부자를 대할 때 사람들의 태도는 분명히 달라지기 때문이었다. 한낱 벼락부자에 불과한 자기의 의견을 너그럽고 진지하게 들어주는 사람들을 보면서, 채플린은 마음속으로 비웃거나 반발하기도 했다. 채플린은 음악을 좋아하듯 친구를 좋아했다. 하지만 진정한 우정과 사랑에 대해서는 의심하고 있었다.

백만장자가 된 후에도 채플린의 생활 태도는 크게 변하지 않았다. 어렸을 때부터 지독한 가난을 경험했던 채플린은 부자의 씀씀이에 쉽게 익숙해질 수 없었다. 백만 달러라는 큰돈은 꿈에서나 보았을 뿐, 자기가 그것을 가졌다는 걸 실감할 수 없었던 것이다.

# 마음을 자극하는 대상을 잡아라!

미국 캘리포니아 주 로스앤젤레스 시 북서쪽에 있는 할리우드는 영화의 중심지로 알려져 있다. 하지만 그런 할리우드가 조성된 것은 1910년대 이후였다. 채플린이 할리우드에서 일할 무렵, 할리우드는 영화인들뿐만 아니라 작가, 배우, 지식인들이 모여드는 곳으로 유명했다.

채플린은 뮤추얼 영화사에서 계약이 끝나자마자 퍼스트 내셔널 영화사 일을 시작했다. 이제 채플린은 할리우드에 땅을 사서 직접 스튜디오를 세우기로 했다. 스튜디오를 짓는 동안 채플린은 1개월간의 휴가를 얻어 여배우 에드나 퍼비언스와 호놀룰루를 여행했다. 에드나같이 아름다운 아가씨와 함께 지내자 자연스럽게 사랑의 감정이 채플린의 가슴에 피어났다. 채플린은 매일 저녁 그녀와 함께 식사를 하면서 마음속으로 그녀와의 결혼을 그려 보았다. 하지만 남자든 여자든 사람들을 사귀는 채플린의 태도는 솔직하고 단순하지 않았다. 채플린은 상처받고 싶지 않았다. 그래서 에드나의 마음을 확실히 알 때까지 고백을 미루었다.

여행에서 돌아와 일을 시작하면서, 채플린과 에드나의 아슬아슬한 관계는 계속되었다. 하지만 채플린의 분명하지 않은 태도에 지친 에드나가 먼저 나가떨어졌다. 다른 남자 배우를 데려와 채플린에게 소개했고, 채플린은 자존심이 상해 버렸다. 채플린은 연애나 사랑 같은 건 자기에게 그리 중요하지 않다고 생각했다. 인생이란 숨 쉴 사이도 없는 투쟁의 연속이므로. 채플린은 1년 52주일 동안 휴식도 없이 각본을 쓰고 연기를 하고 감독 일까지 했다. 그것은 완전한 중노동이었다. 한 편이 촬영이 끝날 때마다 채플린은 완전히 지쳐서 그 다음 날은 하루 종일 잠을 자지 않으면 안 되었다.

채플린은 저녁때가 되어서야 겨우 일어나 조용히 산책을 나갔다. 얼빠진 사람처럼 정처 없이 거리를 헤매고, 멍청한 눈으로 상점의 쇼윈도를 들여다보았다. 마음은 더없이 쓸쓸하고 우울했다. 채플린은 아무 생각을 하지 않으려고 애를 썼다. 하지만 채플린은 그런 상태에서 회복되는 것도 빨랐다. 대개 다음 날 아침이면 다시 활력이 살아나고 머리도 빠르게 굴러갔다. 어쩌면 채플린은 일중독이었다.

채플린에게는 연애도 사랑도 술도 친구도, 영화보다 좋을 수는 없었다. 1918년 〈개의 생애〉를 촬영할 무렵, 채플린은 희극을 건축처럼 조직한다는 생각에 빠져 있었다. 집을 지을 때 기초를 닦고 차근차근 쌓아 올라가듯, 한 장면에서 다음 장면을 암시하고 전체적으로 조화를 이루는 형식이었다.

〈개의 생애〉는 개들의 생활과 한 방랑자의 생활을 빗대어 풍자적으로 그린 작품이다. 채플린은 단순한 희극을 좀 더 창의적으로 만들기 위해 애를 썼다. 바보에 가까운 방랑자의 성격이 점점 복잡해졌고, 여러 가지 인간적인 감정이 섞이기 시작했다. 채플린은 희극영화에 복잡하고 어렵게만 느껴지는 심리학(인간이나 동물의 의식과 행동을 연구하는 학문)을 적용한 것이다.

하지만 사람들은 아직도 싸우고 자빠지면서 웃기는 희극에 더 익숙했다. 채플린은 희극이 마냥 웃기는 것만은 아니라는 것을 말하고 싶었다. 채플린은 웃음 속의 눈물을 그려 나갔다. 그것을 효과적으로 표현하는 데 도움을 주는 것이 음악이었다. 채플린은 민요를 사용하기도 하고 직접 부드러운 노래를 만들기도 했다.

채플린은 인터뷰에서 "어떻게 영화 아이디어를 생각해 내는가."라는 질문을 많이 받았다. 채플린이 대답할 수 있는 것은 한 가지뿐이었다.

"여러분의 마음을 자극하는 대상을 잡아서 그것을 추구하고 파헤쳐 보십시오. 만약 그 이상 발전할 가망성이 없다고 생각되면 재빨리 단념하고 다른 대상을 찾아보십시오. 여럿 중에서 체로 치듯이 하나씩 없애 나가는 것이 바라는 것을 찾아내는 지름길입니다."

그러기 위해서는 엄청난 인내력이 필요하다. 오랫동안 고통을 견디고 참아 내며 집중할 수 있는 능력. 채플린은 인생이란 바로 투쟁과 고통이라고 생각했다. 그것은 채플린이 유년 시절을 거치며 몸으로 배운 교훈이기도 했다.

그래서 채플린은 미국의 평론가 이스트먼의 "유머란 우스꽝스러운 고통에서 생겨난다."는 말에 동의했다. 채플린은 유머가 있기 때문에 고통스러운 인생을 조금이나마 가볍게 헤쳐 나갈 수 있다고 믿었다. 채플린은 가장 엄숙한 상황에서도 숨어 있는 웃음을 찾았다. 그것은 어디에나 있었다. 심지어 굶주림과 죽음 속에도.

제1차 세계대전은 1914년부터 4년간 계속되었던 세계 전쟁이다. 몇 백만 명이 죽어 감으로써 사람들은 '민주주의'의 중요성을 깨달았다. 미국은 처음에는 전쟁에 참여하지 않겠다고 선언했다. 그러다가 1915년 독일 잠수함의 공격으로 여객선 루시타니아호가 침몰하면서 미국인 128명이 죽자 곳곳에서 '전쟁터로!'라는 함성이 터져 나왔다.

채플린은 몇몇 배우들과 함께 자유공채(국가가 전쟁을 맞아 재원을 마련하기 위해 발행하는 채권인 전시공채의 일종)를 팔기 위해 연설을 하기도 했다. 하지만 온통 짓눌린 듯한 답답한 분위기와 '군국주의(정치, 경제, 교육 등 모든 조직을 전쟁을 위해 활용하며, 군사력에 의하여 국가의 발전을 이루려는 주의)'라는 귀신이 날뛰는 도시를 보고 견딜 수 없이 착잡한 마음을 느꼈다. 전쟁은 국민들에게 복종을 강요한다. 어느 한 사람도 벗어날 길이란 없는 것이다.

채플린은 이런 분위기에서 벗어나 보고자 〈개의 생애〉에 이어 〈어깨 총!〉이라는 희극을 만들었다. 이런 시기에 전쟁을 웃음거리로 다루는 것은 위험하지 않겠느냐는 반응도 있었지만, 채플린은 끝까지 밀어붙였다. 하지만 결국 〈어깨 총!〉에서 전쟁 장면의 앞뒤는 가위질을 당하고 말았다.

채플린은 퍼스트 내셔널 영화사를 크게 발전시켜 주었다. 하지만 당시의 영화 배급업자란 순전히 장사꾼이어서 그들에게 있어 영화란 돈을 벌어다 주는 상품에 불과했다. 채플린은 더 좋은 작품을 만들기 위해 제작비를 올려 달라고 요구했지만 그들은 들어주지 않았다. 채플린이라면 미국에서 가장 인기 있는 감독이자 배우인데, 그들이 굳이 고집을 피우는 데는 다른 속셈이 있는 것 같았다. 알고 보니 영화사들이 모두 뭉쳐 한 회사를 설립하여, 미국 내의 모든 극장과 5년간의 독점 계약을 맺을 예정이라는 놀라운 계획을 세워 놓고 있었다. 그것은 결국 영화를 배우의 손으로부터 빼앗아 완전한 사업으로 만들겠다는 것이었다.

채플린은 시드니, 그리고 가까운 인기 배우들과 함께 계획을 막을 방법을 궁리했다. 시드니는 직접 제작 회사를 만들고 작품을 공개시장을 통해 팔자고 제안했다. 사실은 직접 제작 회사를 만들겠다는 생각보다도 영화사들이 모두 하나로 뭉치는 것을 막기 위한 아이디어였다. 그런데 생각보다 사람들의 반응이 훨씬 컸다. 당장 지금 다니는 회사를 그만두고 채플린이 만들 회사로 오겠다는 사람들이 많았다. 얼떨결이기는 하지만, 유나이티드 아티스트 사는 이렇게 만들어졌다.

한편 전쟁은 점점 비참해지고 있었다. 사람들이 숱하게 죽어 나가고 도시는 파괴되었다. 학교에서는 학생들에게 총과 칼을 사용하는 방법을 가르쳤다. 국가의 명령에 따라 전쟁에 나가지 않는 사람에게는 5년의 징역형이 내려졌다. 청년들은 거의 모두 군복을 입고 있었다. 평상복을 입은 사람은 겁쟁이, 비겁한 사람 취급을 받았다.

채플린은 군대에 가지 않았다. 그는 전쟁을 반대했으며, 자기가 해야 할 일이 따로 있었다. 하지만 그 소문이 퍼지자 채플린을 비난하는 기사가 몇몇 신문에 실렸다. 그런가 하면 채플린은 군대에 가기보다는 희극배우를 하는 편이 더 낫다고 변호하는 신문도 있었다.

미국군은 프랑스에 상륙하자마자 용감하게 전투에 뛰어들었다. 하지만 결과는 수십만 명의 사상자를 냈을 뿐이었다. 연합군이 적진을 돌파했지만 거기에는 엄청난 희생이 따랐다. 마침내 1918년, 전쟁이 끝났다. 거리에는 자동차의 경적 소리, 사이렌 소리가 요란스러웠고 밤새도록 음악이 연주되었다. 온 세계가 기뻐 날뛰었다. 사람들은 노래를 부르고 춤을 추며 마주칠 때마다 부둥켜안고 키스를 했다. 평화는 그처럼 간절한 것이었다.

하지만 사람들은 그 평화가 어떤 의미인지 진정으로 알지 못했다. 앞으로 세계가 어떤 모습으로 변해 갈지 아무도 예상치 못했다. 다만 채플린은 생각했다. 한 가지 분명한 것은, 1차 세계대전 이전의 문명, 그 시대의 좋았던 것들은 모두 영원히 사라져 버렸다고.

# 3장

# 영화의 역사를 새롭게 쓰다

# 인생의 전환기

1917년 가을, 채플린은 우연히 알고 지내던 프로듀서로부터 초대를 받고 그의 바닷가 별장에서 열린 파티에 참가했다. 그리고 거기서 밀드레드 해리스라는 아름다운 여배우를 만났다. 채플린은 그녀와 결혼을 했다.

그런데 이 결혼은 좀 이상한 데가 많았다. 채플린은 벌써부터 결혼을 하고 싶었다. 밀드레드는 19세밖에 안 되는 어린 여성이었지만 아름다운 여자였다. 채플린은 아내보다 열 살이나 더 많았지만 어쨌든 잘 어울려 살 수 있을 거라고 생각했다. 하지만 채플린의 마음 한편에는, 자기가 공연한 변덕을 부린 것이 아닌가 하는 의심이 숨어 있었다. 정말로 채플린은 밀드레드와 결혼하고 싶었던 것일까? 사실 채플린은 그녀를 별로 사랑하지 않았던 것이다.

하지만 채플린은 어떻게든 결혼한 이상 지금부터라도 사랑을 하고 훌륭한 결혼 생활을 하고 싶었다. 그런데 밀드레드는 너무 어리고 어리석었다. 그녀는 현실과 공상을 구분할 능력이 없었다. 채플린이 진지하게 장래의 계획을 의논하려고 해도 전혀 이야기가 통하지 않았다.

나중에 채플린은 이 결혼이 얼마나 잘못되었는가를 깨달았다. 다른 사람들에게는 이야기하지 않았지만, 사실은 밀드레드가 아이를 가졌다고 했기 때문에 서둘러 결혼을 한 것이었다. 그런데 결혼을 하자마자 그것이 거짓말이었다는 사실이 드러났다. 채플린은 충격을 받았다. 그런 데다 결혼을 한 후 영화 일도 엉망이었다. 채플린은 자기의 아이디어의 샘이 완전히 말라 버렸다고 생각했다.

절망한 채플린은 종종 오퓸 극장을 찾아 기분 전환을 했다. 그때 채플린은 그곳에서 재키 쿠건이라는 귀여운 네 살짜리 소년을 만났다. 재키의 아버지는 댄서였는데, 자기의 춤이 끝나면 꼭 아이를 데리고 나와서 함께 인사를 했다. 그럴 때 재키는 익살맞은 춤을 추면서 어른스러운 얼굴로 객석을 바라보며 손을 흔들었다. 마치 어머니를 따라 올더쇼트에 갔던 채플린이 생전 처음 무대에 올랐을 때처럼. 채플린은 그 아이에게 좋은 인상을 받았다.

어느 날 채플린은 배우들과 함께 아이디어를 짜내다가 문득 재키 쿠건을 떠올리게 되었다. 영화에서는 갓난아이와 개가 최고의 명배우라는 말이 있다. 예를 들면 갓난아이를 욕조에다 넣고 비누를 한 개 주면, 아이가 그것을 잡으려는 모습만 보고도 이미 큰 웃음이 터지는 것이다. 채플린은 어린아이는 모두 어떤 식으로든 천재성을 지니고 있다고 생각했다. 그 재능을 끄집어내는 것은 어른들의 일이었다.

채플린은 재키의 재능을 알아보고 그를 위해 이야기를 만들었다. 재키는 아주 빠르게 팬터마임을 하는 방법과 감정과 몸짓을 함께 표현하는 방법을 익혔다. 채플린은 참을성 있게 재키가 완전히 자연스러운 동작을 할 때까지 여러 번 연습을 시켰다. 배우들은 생각이 많고 깊어야 자연스러운 연기를 할 수 있다. 재키는 고작 네 살이었지만 자기가 할 일을 이해하고 깊이 생각할 때 정말로 굉장한 연기를 보여 주었다.

나중에 재키의 아버지도 영화에 등장하게 되었다. 그의 역할은 소매치기였다. 영화에는 감화원의 관리 두 사람이 재키를 채플린에게서 떼어 내는 장면이 나온다. 여기서 채플린은 재키가 정말로 울어 주길 원했다. 채플린은 여러 가지 무서운 이야기를 들려줬지만 재키는 멀뚱멀뚱 쳐다만 볼 뿐 울려고 하지 않았다. 그것을 보고 있던 재키의 아버지가 나섰다.

"내가 울게 하겠소."

"하지만 으르거나 때리거나 하지는 말아 줘요."

채플린은 부탁했다.

잠시 후 재키의 울음소리가 들려왔다. 촬영이 끝난 후 채플린이 아버지에게 어떻게 울렸느냐고 물었다.

"아무리 해도 울지 않는다면 이곳에서 당장 데려다가 감화원에 넣어 버리겠다고 말했죠."

채플린은 재키를 끌어안고 다독거려 주었다. 재키의 뺨은 아직

도 눈물에 젖어 있었다.

"이젠 괜찮아. 아무도 널 데리고 가거나 하지 않을 테니까."

채플린은 진심으로 재키를 위로했다. 채플린은 아이들을 매우 좋아했다. 이렇게 만들어진 영화 〈키드〉는 통속 희극과 눈물을 하나로 합친 새로운 작품이었다. 지금까지 희극과 비극이, 웃음과 눈물이 한 영화에 나오는 일은 거의 없었다. 하지만 채플린은 형식이라는 것은 사람이 창조함으로써 존재하는 것이라고 생각했다. 채플린은 지금까지 없었던 새로운 것을 두려워하지 않았다.

영화 〈키드〉는 성공적으로 만들어졌지만 채플린의 아이는 태어난 지 사흘 만에 죽었다. 결혼 1년 만에 태어난 아이였다. 아이가 죽은 후 그나마 유지되던 밀드레드와 채플린의 사이는 갑자기 나빠졌다. 채플린은 밀드레드가 약삭빠른 고양이 같다고 생각했다. 언제나 꿈같이 어리석고 어이없는 생각에 젖어 있고, 마음의 안정이라곤 전혀 없다고 느꼈다. 두 사람은 한집에 살면서도 서로 얼굴을 대하는 일이 거의 없었다. 밀드레드 역시 영화 일로 바빴다. 채플린은 자주 혼자서 쓸쓸히 식사를 했다.

결국 밀드레드와 채플린은 이혼 직전

에 이르렀다. 하지만 이 과정도 쉽지 않았다. 밀드레드와 그녀의 변호사가 채플린이 다 찍어서 편집하고 있는 〈키드〉를 빼앗아 가려 했다. 채플린은 〈키드〉를 빼앗기지 않기 위해 필름을 챙겨서 솔트레이크 시로 피신했다. 그리고 호텔 방에서 겨우겨우 편집을 마쳤다. 첫 상영에서 채플린은 어느 때보다 긴장을 했다. 새로운 시도가 과연 성공을 거둘 것인가, 실패로 그칠 것인가?

〈키드〉는 이렇게 시작한다. 어떤 어머니가 갓난아이를 리무진 속에다 버린다. 부자 부모를 만나 잘 살아 주길 바랐던 것이다. 그런데 차를 훔친 도둑들이 갓난아이를 쓰레기통 옆에 놓고 도망친다. 그때 채플린, 떠돌이 방랑자가 등장한다. 채플린은 갓난아이를 발견하자마자 자기가 키우기로 결심한다.

관객들이 조금씩 반응을 보였다. 천 조각으로 만든 임시 침대를 보자 관객들은 웃기 시작했고, 갓난아이에게 찻주전자에 데운 우유를 먹이자 폭소가 터졌다. 낡은 의자에다 구멍을 뚫어 만든 변기에 아이를 앉히자 관객들은 눈물을 흘리면서까지 웃었다. 채플린은 비로소 안도의 한숨을 쉬었다. 성공이었다.

채플린은 마침내 이혼을 하고 〈키드〉를 원하던 가격에 팔았다. 고민에서 해방된 채플린은 모처럼 자유를 느꼈다. 채플린은 독서를 하고 훌륭한 교양을 갖춘 지식인들을 만나면서 휴식을 취했다.

그러던 중 채플린은 기쁜 소식을 들었다. 어머니의 건강이 회복

되었다는 것이었다. 채플린은 어머니를 미국으로 모셔 왔다. 배 안에서 어머니는 완전히 병이 나은 듯 사람들과 어울려 잘 지냈다고 한다. 그런데 배가 도착한 후 입국 관리를 하는 사람이 어머니에게 말을 건 것이 문제였다.

"미세스 채플린! 환영합니다! 그 유명한 찰리의 어머님이시죠?"

그런데 어머니는 엉뚱한 소리를 했다.

"네, 그래요. 댁은 예수 그리스도였군요."

하지만 어머니는 많은 사람들 속에서 채플린과 시드니의 모습만은 아주 잘 찾아냈다. 채플린과 시드니는 어머니를 위해 바닷가에 작은 집을 마련하고 돌보아 줄 사람을 구해 드렸다. 어머니는 자가용으로 소풍을 가는 것을 매우 좋아했다. 어머니는 때때로 채플린의 스튜디오까지 소풍을 오곤 했다. 어머니가 오면 채플린은 언제나 빠짐없이 자기가 만든 영화를 보여 드렸다.

드디어 〈키드〉가 뉴욕에서 개봉되어 굉장한 인기를 얻었다. 재키는 일약 스타가 되었다. 매일 매일 비평가의 칭찬이 실린 신문들이 배달되었다. 누군가는 〈키드〉야말로 영화의 고전이라고 칭찬했다.

하지만 채플린은 어지간히 지쳐 있었다. 퍼스트 내셔널 영화사와 맺은 계약 때문에 〈키드〉 다음에도 몇 편의 영화를 더 찍어야 했다. 너무 지쳐 아이디어가 꽉 막힌 상태에서, 채플린은 꿈속에서 영국을 보았다. 영국으로 가고 싶은 마음을 참을 수가 없었다. 어쩌면

10년 만에 받은 헤티 켈리의 편지 때문인지도 모를 일이었다.

"그 무렵의 어리석었던 소녀를 기억하고 있는지요……."

헤티의 편지는 그렇게 시작되었다. 헤티는 결혼해서 지금은 포트먼 스퀘어에 살고 있는데, 만일 런던으로 오게 되면 만나 보고 싶다고 했다. 물론 채플린의 마음이 10년 전과 같을 수는 없었다. 헤티의 편지를 받고도 담담했을 뿐 예전 같은 마음의 소용돌이는 일어나지 않았다. 하지만 런던에 가면 한 번쯤은 만나 보고 싶었다.

채플린은 비서에게 여행 준비를 시켰다. 얼마 동안 스튜디오를 닫기로 하고 배우들에게 휴가를 주었다. 마침내 고향으로 돌아가는 것이다.

# 귀향, 그리고 이별

10년 만에 고향에 가는 길이었다. 하지만 채플린의 처지는 10년 전과 엄청나게 달랐다. 10년 전의 채플린은 이등실의 초라한 승객이었고 무명의 배우였다. 그런데 이제 채플린은 호화로운 일등실 손님이자 세계적인 배우가 되어 영국에 가고 있었다. 그야말로 금의환향(비단옷을 입고 고향으로 돌아온다는 뜻으로, 성공하여 고향으로 돌아옴을 뜻함)이었다.

채플린은 모처럼 한가하고 느긋한 기분이 되었다. 하지만 이미 영국에서는 폭발적인 환영이 준비되어 있었다. 영국 신문들은 앞을 다투어 채플린에 대한 기사를 썼다.

"채플린, 정복자처럼 개선! 사우샘프턴부터 런던까지의 행진은 고대 로마의 개선 행렬과 맞먹을 것이다!"

작은 희극배우는 이제 영웅이 되어 있었다. 무수한 팬들이 항구에 모여들고, 경찰은 이들을 질서 있게 정리하기 위해 진땀을 뺐다. 하지만 채플린은 화려한 행사에 휩쓸리기보다는 조용히 고향에 돌아가고 싶었다. 채플린이 정말 바란 것은 옛날의 그리운 곳을 찾아가 보는 일이었다. 혼자서 조용히 런던 거리를 걷고 싶었다. 그리운 케닝턴과 브릭스턴을 찾아가고, 예전에 살던 다락방들을 방문하고 싶었다. 채플린의 가슴에 지금까지 묻혀 있던 그리움이 갑자기 피어올랐다. 그런데…….

채플린은 런던으로 가는 기차에서 헤티 켈리의 오빠를 만났다. 채플린은 헤티에게서 편지를 받은 이야기를 했다. 그러자 오빠는 채플린을 슬픈 눈빛으로 쳐다보더니 더듬거리며 말했다.

"죄송하지만, 헤티는 죽었습니다…….."

채플린은 그만 비명을 지를 뻔했다. 믿을 수 없는 일이었다. 하지만 그것은 거짓이 아니었다. 헤티는 채플린이 돌아오기 전, 당시 유럽에 유행하던 독감에 걸려 죽은 것이다.

채플린은 가는 곳마다 팬들에 둘러싸여 큰 환영을 받았다. 하지만 채플린은 자기만의 고요한 시간을 갖고 싶었다. 채플린은 낮잠을 자겠다고 거짓말을 하고 재빨리 뒷문으로 호텔을 빠져나왔다. 되는대로 택시를 잡아탄 채플린은 케닝턴 가로 갔다.

케닝턴 가는 무엇 하나 달라진 것이 없었다. 채플린은 영양실조에 걸린 어머니가 정신이 이상해지면서 조용히 앉아 있던 파우널 테라스 3번지의 집을 찾아갔다. 3층 창문은 굳게 닫혀 있었다. 그 옛날의 비밀을 단단히 감춘 채로. 채플린은 하염없이 그 창문을 쳐다보았다.

채플린은 옛 추억을 찾아 떠돌았다. 아버지와 루이스가 살았던 집, 채플린이 극단에서 일하면서 조금씩 저축한 60파운드의 돈이 지금도 맡겨져 있는 우체국, 그리고 헤티와 처음 만났던 케닝턴 게이트! 마지막으로 채플린은 시드니와 둘이서 가구를 들여놓고 행복해했던 아파트를 찾아갔다.

그렇게 옛 추억을 찾아 헤매다 보니, 옛날 그곳에서 있었던 일들이 모두 꿈처럼 느껴졌다. 미국에 간 이후의 일만이 현실처럼 느껴졌다. 그러면서 채플린은 불안한 마음을 느꼈다. 가난의 기억이 곳곳에 배어 있는 거리를 걷다 보니 다시금 불행해져 버리는 것이 아닐까 두려웠던 것이다.

사람들은 채플린이 종잡을 수 없는 성격을 가졌다고 말했다. 채플린은 명랑하고 사람들과 잘 어울리면서도 어느 순간 부끄러움을 많이 타고 사람들을 피하기도 했다. 그래서 채플린에게 진정한 친구가 없다는 평가를 받았다. 비평가의 관점에 따라 채플린의 성격은 밝아지기도 하고 어두워지기도 했다. 유명한 작가 서머싯 몸은 채플린에 대해 이렇게 썼다.

찰리 채플린. 그의 웃음은 단순하고 경쾌하다. 그러면서도 사람들은 언제나 그런 웃음 뒤에서 우수를 느낀다. 그의 익살 떠는 고백을 듣지 않더라도 그의 유머가 슬픔에 뒷받침되어 있다는 걸 쉽게 깨달을 수 있다. 그는 행복한 인간이라는 인상을 주지 않는다. 생각건대 그는 빈민가에 대한 향수 따위에 괴로워하는 것이 아닐까. 명성과 부에 둘러싸이면서 도리어 그 생활에서 압박만을 느끼는 것은 아닐까. 빈곤과 궁핍에 사로잡혀 있었던 소년 시절, 괴로웠으나 거기에는 자유가 있었다. 지금 그는 그런 자유를 절대로 돌이킬 수 없다는 걸 알면서도 여전히 깊이 그리워하고 있는 것이 아닐까?

하지만 채플린은 가난을 좋은 것이라든가 인간을 향상시키는 힘이라고 생각하지는 않았다. 채플린은 가난 때문에 사물을 비뚤게 바라보게 되었다고 생각했다. 또 부자나 상류 계급의 장점에 대해 지나치게 동경을 가지고 높이 평가하게 되었다고 생각했다. 오히려 부와 명성을 가졌을 때 채플린은 사물을 정확하게 볼 수 있었다. 아무리 훌륭한 사람이라도 가까이서 보면 다른 사람들과 마찬가지로 결점 투성이라는 것을 알게 되었다. 채플린은 고집쟁이였다. 자기에 대해서는 오직 자기가 알고 있는 것만 믿었다.

채플린은 유럽 곳곳을 여행했다. 프랑스를 지나 독일의 베를린에 갔을 때, 채플린은 전쟁 때문에 비참해진 도시를 보고 마음이 아팠다. 팔이나 다리가 없는 병사들이 길모퉁이마다 지키고 서서 구걸을 하고 있었다. 다시 런던으로 돌아온 채플린은 전쟁으로 입은 상처로 불치의 마비증에 걸린 환자들을 위문하러 브리튼의 병원에 갔다. 채플린은 젊은 환자들의 얼굴이 절망으로 무겁게 굳어 있는 것을 보고 참을 수 없는 슬픔을 느꼈다.

온몸이 마비되어 겨우 입만 움직이게 된 젊은이는 입에 붓을 물고 그림을 그리고 있었다. 주먹을 쥔 채 마비가 되어서 손톱이 자라 손바닥을 찌르는 것을 막기 위해 손가락 하나하나를 마취시킨 후 펴서 손톱을 잘라야 하는 젊은이도 있었다. 채플린은 전쟁이 얼마나 비참한가를 다시금 깨달았다.

하지만 영국이 아무리 채플린을 환영해도, 이제 채플린의 일터는 미국이었다. 채플린은 다시 미국으로 돌아갔다.

할리우드로 돌아오자 채플린은 먼저 어머니를 만나러 갔다. 어머니는 좋은 환경에서 편안하게 지내면서 건강이 많이 좋아졌다. 하지만 여전히 가끔씩 이상한 행동을 하기도 했다. 언젠가 어머니가 타조 사육장으로 소풍을 갔을 때, 친절한 관리인이 부화실에 있는 타조 알을 손에 들고 말했다.

"이건 아마 다음 주쯤에는 부화될 거예요."

마침 그때 그에게 전화가 걸려 와 그는 타조 알을 간호사에게 맡겼다. 그런데 관리인이 사라지자마자 어머니는, "원, 가엾게도! 타조에게 돌려줘!" 하면서 간호사에게서 알을 빼앗아 울타리 안으로 던졌다. 물론 알은 깨져 버렸다.

어머니는 채플린이 영화 〈서커스〉를 촬영하던 중에 다시 병이 도졌다. 전에 담낭이 나빠져서 치료를 받았는데, 이번에 재발한 것이었다. 병원에 입원은 했지만 심장이 약하기 때문에 의사들은 수술을 권하지 않았다. 채플린이 병원으로 뛰어갔을 때 어머니는 반쯤 혼수상태였다.

"어머니, 찰리입니다."

채플린은 어렸을 때처럼 어머니에게 귓속말을 하면서 손을 잡았다. 어머니는 채플린을 보고 일어나려고 했지만 그럴 힘이 없었다. 어머니는 잠들지 못하고 자꾸만 아프다고 호소했다.

"어머니, 힘을 내세요. 어머니는 반드시 좋아질 거예요."

"아마 그럴 테지……."

어머니는 힘없이 대답하고 다시 한 번 채플린의 손을 잡았는데, 그 후에 그만 의식을 잃고 말았다.

이튿날, 채플린은 영화 촬영장에서 어머니가 돌아가셨다는 연락을 받았다. 의식을 잃었을 때 의사는 이미 어머니가 오래 견디지 못할 거라고 했다. 채플린은 촬영을 멈추고 얼굴 화장을 지우고 병원으로 갔다.

어머니는 침대 위에 잠든 듯이 죽어 있었다. 얼굴을 약간 위로 쳐들고 눈은 조용히 감고 있었다. 표정이 아주 편안하지는 않았다. 고향에서 멀리 7천 마일이나 떨어진 낯선 곳에서 죽음을 맞았기 때문일지도 모른다. 채플린은 어머니의 시신 옆에서 어머니의 인생, 괴로움, 용기, 그리고 시드니와 함께했던 추억을 생각하면서 오랫동안 울었다.

시드니는 유럽에 있었는데 병에 걸린 상태라 장례식에 참석하지 못했다. 누군가 채플린에게 어머니를 화장할 것이냐고 물었다. 하지만 채플린은 어머니를 푸른 대지에 매장하기를 바랐다. 채플린의 어머니는 할리우드 묘지에 묻혔다.

채플린에게 재능을 물려준 어머니, 채플린의 재능을 일깨우고 격려해 주었던 어머니였다. 어머니의 일생은 불행했지만 어머니는 언제나 밝은 마음으로 고통을 견뎠다. 어머니는 친절하고 동정심이 많은 여성이었다. 가난했지만 절대로 비굴하지 않았고, 지독한 생활 속에서도 시드니와 채플린만은 어떻게든 빈민가의 분위기에 물들지 않도록 애썼다. 채플린은 어머니에게 가장 큰 유산을 받은 셈이었다. 그것은 바로 자존심, 스스로를 지켜 내는 단단한 마음이었다.

# 황금광 시대

채플린은 마침내 퍼스트 내셔널 영화사와 계약했던 다섯 편의 영화를 끝냈다. 퍼스트 내셔널 영화사는 영화에 대한 사랑보다는 눈앞의 이익만 생각하는 회사였기 때문에, 채플린은 한시바삐 자유의 몸이 되기를 바랐다.

동료들과 함께 만든 유나이티드 아티스트 사에서 일하게 된 채플린은 더 좋은 영화를 만들겠다는 의지에 불탔다. 채플린은 훌륭한 영화를 만들기만 한다면 더 크고 오래된 영화사들과의 경쟁에서도 반드시 이길 수 있다고 믿었다.

채플린은 유나이티드 아티스트 사에서 만드는 첫 작품에 모든 정열을 쏟았다. 몇 주일 동안 아이디어를 짜내기 위해 고민했다.

‘하여간 이번 작품은 서사시(국가나 민족의 역사적 사건에 얽힌 신화나 전설 또는 영웅의 업적 등을 읊은 긴 시)! 위대한 서사시가 아니면 안 된다!’

채플린은 일단 한번 생각에 빠지면 무섭게 집중을 했다. 그러던 어느 일요일, 채플린은 친구 한 사람에게서 아침 식사 초대를 받았다. 식사가 끝나고 친구는 입체 사진을 보자고 했다. 알래스카의 봉우리 틸크트 고개를 촬영한 장면이었다. 얼어붙은 고갯길에 금을 찾아 나선 사람들의 긴 행렬이 이어지고 있었다.

‘그렇다, 이거 근사한데!’

채플린은 순간적으로 아이디어를 떠올렸다. 줄거리까지는 아니었지만 작품을 만드는 순서 등이 번개같이 채플린의 머리에 떠올랐다.

자료를 찾던 채플린은 1846년 캘리포니아로 향하던 남자 29명, 여자 18명, 아이들 43명으로 이루어진 이주자 집단이 겪었던 재앙에 대한 책을 읽었다. 그 이야기에서 채플린은 한층 더 자극을 받았다. 이주자들은 결국 시에라 네바다에서 눈에 갇히는 신세가 되었다. 도움을 청하러 남자 열 명과 여자 다섯 명이 떠났는데, 그중 남자 여덟 명이 죽고 나머지는 그들의 시신을 먹으며 겨우 버텼다. 남아 있던 사람들도 대부분 죽었으며, 살아남은 사람들은 개와 소의 가죽과 자기가 신고 있던 가죽신은 물론 친구들의 시신까지 먹으며 버텨야 했다.

이것은 매우 비참하고 슬픈 이야기였다. 그런데 채플린은 바로 이 슬픔에서 웃음을 발견했다. 채플린은 웃음이란 반항 정신을 의미한다고 생각했다. 거대한 자연의 힘 앞에서 인간은 자기의 무기력함에 웃을 수밖에 없다. 만약 웃지 않는다면 미쳐 버릴지도 모르니까.

채플린은 굶주림이 얼마나 끔찍한지를 잘 알고 있었다. 하지만 그 끔찍한 상황을 견뎌 내기 위해서 채플린은 울기보다는 웃었다. 미치지 않기 위해서, 더 비참해지지 않기 위해서 웃었다. 그런 자기의 경험을 바탕으로 위대한 작품 〈황금광 시대〉가 하나하나 준비되기 시작했다.

첫 장면은 눈 속에서 길을 잃은 떠돌이 찰리가 우연히 오두막에 들어가는 것부터 찍기 시작했다. 그곳에서 악당을 만나 내쫓기지만 눈보라 때문에 끊임없이 오두막 안으로 다시 날아 들어오는 바람에 결국 오두막을 떠나지 못한다. 종이인형처럼 날아가는 찰리는 관객들의 웃음보를 터뜨린다. 악당과 찰리가 함께 머무는 오두막에 짐이 찾아온다. 짐은 오랫동안 금광을 찾다가 마침내 소원을 이룬 터였다. 눈보라를 피해 잠시 머무는 사이에 악당은 먹을거리를 찾아 나갔다가 짐의 금광을 찾게 된다.

오두막에 남은 짐과 찰리, 그들은 너무 배가 고프다. 찰리는 자기의 한쪽 구두를 벗어 요리를 한다. 이 장면은 아주 오랫동안 공들여 찍었다. 채플린은 끊임없이 자신의 연기를 갈고 다듬었다. 구두의 연한 윗부분은 짐에게 주고, 찰리는 구두 밑창을 먹는다. 구부러진 못까지 갈비뼈를 빨듯 맛있게 먹는다. 여기에 쓰인 구두는 감초로 만들었는데, 이 장면을 찍은 이후에 채플린은 감초 때문에 설사로 고생을 했다고 한다. 이 장면은 관객들에게 큰 웃음을 일으킨다. 실제로는 처참하고 비극적인 장면이 채플린이라는 위대한 배우에 의해 웃음이 되는 장면이다.

마침내 굶주림으로 짐은 미쳐 버린다. 어쩌면 이 장면에서 채플린은 불쌍한 자기 어머니를 생각했을지도 모른다. 하지만 마치 그

슬픔을 떨쳐 버리기라도 하듯, 채플린은 미친 짐과 가장 우스꽝스러운 연기를 선보인다. 굶주린 짐의 눈에 찰리가 맛있는 통닭으로 보이기 시작한 것이다. 짐은 칼을 들고 찰리를 잡기 위해 쫓아다닌다. 팔짝팔짝 뛰는 통닭이, 찰리가 기겁을 하고 도망을 간다. 끝없이 웃음이 터진다.

실제로 이 장면을 찍을 때, 처음에는 다른 배우가 닭의 탈을 쓰고 연기를 했다고 한다. 하지만 채플린은 그 연기가 썩 마음에 들지 않았다. 채플린은 직접 닭의 탈을 쓰고 연기를 했다. 찰리처럼 방정맞게 걷는 닭, 찰리처럼 엉뚱하게 쳐다보는 닭. 오직 채플린만이 진짜 우스꽝스러운 닭이 될 수 있었다.

떠돌이 찰리는 우연히 댄스홀에서 일하는 여자를 알게 되고, 그녀를 짝사랑하게 된다. 채플린의 분신인 떠돌이 방랑자 찰리는 언제나 아름다운 여자를 사랑한다. 하지만 그 사랑은 좀처럼 이루어지지 않는다. 대부분이 찰리의 짝사랑이고 여자는 찰리의 마음을 쉽게 받아 주지 않는다. 〈황금광 시대〉 역시 마찬가지다.

찰리가 여자와 그녀의 친구들을 위해 '롤빵의 춤'을 추는 대목은 큰 인기를 얻었다. 심지어 베를린에서는 이 장면에서 관객들이 너무 열광하는 바람에, 극장 지배인이 영사실로 뛰어 올라가 영사 기사에게 필름을 다시 돌려 그 장면을 한 번 더 보여 달라고 지시했을 정도였다. 영화관에서 필름을 거꾸로 돌려 지나간 장면을 다시 보다니, 영화의 역사에 기록될 만한 희귀한 일이었다.

하지만 화려한 생활에 젖은 여자는 찰리의 초라한 모습을 우스꽝스럽게 생각할 뿐이다. 여자는 찰리와 한 약속도 잊어버린다. 한편 짐은 금광을 찾아가지만 악당에게 머리를 얻어맞아 기억 상실증에 걸리게 된다. 악당은 혼자 금을 차지하려고 하지만 어이없게도 낭떠러지에서 떨어져 죽는다. 짐은 찰리를 찾아온다. 찰리와 함께 오두막이 있는 곳을 찾으면 금광도 어렵지 않게 찾을 것 같아서였다.

우여곡절 끝에 찰리는 짐과 함께 금광을 찾고, 백만장자가 된다. 그리고 고향으로 돌아가는 배에서 여자를 다시 만난다. 여자는 찰리가 떠난 후에야 찰리의 순수하고 진실한 마음을 알고, 그리워하고 있었다. 찰리는 여자와 행복한 결말을 맞는다.

채플린은 애써 찍은 장면이 마음에 들 때까지 반복해서 다시 찍었다. 오후 내내 겨우 세 장면을 찍을 때도 있었다. 같은 장면을 적어도 스무 번씩 반복해서 찍었다. 채플린은 천재였지만 철저히 노력하는 천재였다. 그래서 함께 일하는 사람들에게 채플린은 변덕스럽고 까다로운 감독이 될 수밖에 없었다.

"딱 한 번만 더 하자고…… 이번엔 될 거야!"

채플린은 반복해서 이렇게 외쳤다.

〈황금광 시대〉에서 떠돌이 찰리와 사랑에 빠지는 여자 주인공

역은 원래 리타 그레이였다. 그런데 리타는 결국 〈황금광 시대〉에 얼굴을 내밀지 못하게 된다. 채플린은 여배우 리타와 두 번째 결혼을 하게 된 것이다. 리타는 임신을 했고 〈황금광 시대〉의 여주인공으로 조지아 헤일이라는 열여덟 살 된 여배우가 새로 뽑혔다. 조지아는 배우 지망생일 때부터 채플린의 열렬한 팬이었다. 조지아는 채플린에 대해 이렇게 말했다.

"누구나 자신이 천재와 함께 일하고 있다는 사실을 알게 되지요. 그는 영화사 전체를 통틀어 가장 위대한 천재였으니까요. 함께 일하기에는 더할 나위 없는 사람이었죠. 내내 어떻게 해야 할지에 대해 아주 사소한 데까지 잔소리하는 것도 싫지 않았어요. 그는 배우들에게 무한대의 인내심을 보였어요. 사실이지 그것은 자상한 마음씨였지요. 그는 자신이 원하는 연기를 얻으려면 무슨 말을 어떻게 해야 하는지 정확히 알고 있었거든요."

1925년 5월 5일, 채플린의 두 번째 아내 리타는 사내아이를 낳았다. 아이의 이름은 아빠와 같은 찰스였다. 채플린은 아이가 태어나는 동안 〈황금광 시대〉의 막바지 작업을 하고 있었다. 실로 〈황금광 시대〉는 지금까지의 영화들과 확실히 달랐다. 실제 촬영일이 170일이나 되었고 8,555피트의 필름을 썼다.

〈황금광 시대〉가 개봉되자 엄청난 반응이 쏟아졌다. 채플린도 만족했다. 심지어 〈황금광 시대〉를 보는 동안 관객들이 터뜨리는 웃음소리를 녹음해서 라디오 방송에서 들려주는 일까지 있었다. 채플린은 전쟁으로 마음에 상처를 입은 사람들에게 웃음이라는 가장 좋은 약을 주게 된 것이었다.

# 찰리, 너무 기죽지 마

채플린이 살던 시대는 매우 혼란스러웠던 때였다. 1차 세계대전이 끝난 후 경제적인 어려움이 사람들의 숨통을 조여 왔다. 미국에만도 1,300만 명의 실업자가 있었다. 그런가 하면 혼란의 시기는 변화의 시기이기도 했다. 영화계에도 큰 변화가 있었다. 지금까지의 무성영화와는 다른 유성영화가 크게 인기를 끌며 만들어지기 시작한 것이다.

무성영화란 소리가 없는 영화를 말한다. 무성영화는 직접 녹음을 하지 않고 자막을 통해 해설과 대사가 전달되었다. 음악은 오케스트라가 극장에서 직접 연주를 했다. 지금까지 만들어진 채플린의 영화는 모두 이런 무성영화였다. 무성영화나 유성영화냐의 갈

림길에서 채플린은 일단 무성영화를 끝까지 계속할 결심을 했다. 채플린은 원래 팬터마임 배우였고, 그런 면에서는 그 누구도 할 수 없는 것을 가지고 있다고 자신하고 있었기 때문이다.

그렇게 영화 〈시티 라이트〉가 만들어졌다. 이 영화는 서커스 공연에서 사고로 장님이 되어 버린 어떤 익살꾼의 이야기에서 아이디어를 얻었다. 그에게는 병약하고 신경질적인 어린 딸이 하나 있었다. 아버지가 퇴원할 때 의사는 아버지에게 딸이 충격을 견딜 수 있을 때까지 눈이 멀었다는 사실을 알리지 않는 것이 좋겠다고 충고했다. 그래서 아무것도 모르는 딸은 아버지가 여기저기 부딪히고 비틀거려도 그저 즐거운 듯이 웃을 뿐이었다. 이 비극적인 이야기는 실제로 있었던 일이었다. 채플린은 또다시 슬픔 속에서 웃음을 찾았다.

하지만 〈시티 라이트〉를 촬영하는 일은 쉽지 않았다. 그사이 배우들은 모두 유성영화에 익숙해져서 팬터마임 연기를 잊어버렸다. 채플린은 새 배우를 찾아 헤매야 했다. 또 촬영하는 과정도 어느 영화보다 힘들었다. 겨우 70초의 장면을 찍기 위해 수없이 NG(no good의 줄임말로 진행 과정에서 촬영이나 녹음한 것이 좋지 못해서 다시 촬영하게 되는 일)를 냈다. 무려 5일이 걸려서야 70초짜리 장면이 완성되었다.

채플린은 신경쇠약에 걸릴 정도로 완벽을 추구하는 사람이었다.

그것은 그의 영화를 뛰어난 고전으로 만들어 주었지만, 함께 일하는 사람들을 몹시 힘들게 할 수밖에 없었다. 사람들은 채플린의 변덕이 죽보다 더 심하게 끓는다고 투덜대기도 했다.

채플린은 1년이라는 오랜 시간을 들여 〈시티 라이트〉를 완성했다. 작곡도 채플린이 직접 하기로 했다. 방랑자가 주인공이니만큼 음악은 그와 대조적으로 우아하고 로맨틱하게 처리했다. 채플린은 항상 우아한 음악으로 자기의 희극을 한 차원 높이 끌어올리는 것을 고집해 왔다. 하지만 음악 담당자들은 좀처럼 이것을 이해하지 못했다. 음악도 화면처럼 우스꽝스러운 것으로 하자고 했다. 그때마다 채플린은 이렇게 설명했다. 음악과 화면이 팽팽히 맞서는 것이 아니다. 사람들의 마음을 울리는 정서가 있어야 법석을 떠는 희극에 우아함과 매력이 생겨난다.

하지만 〈시티 라이트〉에 대한 첫 반응은 그리 좋지 않았다. 지금까지 극장주들은 채플린의 새 작품이라면 앞을 다투어 차지하려고 했는데, 이번에는 그렇지 않았다. 채플린은 자신의 돈을 들여 영화를 개봉했다. 채플린이 믿는 것은 극장주가 아니라 오로지 관객들뿐이었다. 그들이 채플린을 보면서 얼마나 웃을 수 있을까?

채플린의 고집과 자신감이 이겼다. 관객들은 〈시티 라이트〉를 보면서 배꼽을 잡고 웃었다. 채플린은 비서에게 관객들이 어느 대목에서 웃었고, 어느 대목에서 배꼽을 잡았고, 또 어느 대목에서 환성을 터뜨렸는가를 자세히 물었다. 그는 성공작 〈시티 라이트〉를 가지고 또다시 10년 만에 영국으로 돌아가기로 했다.

하지만 영화의 성공과 상관없이 채플린은 개인적으로 썩 행복하지 못했다. 물론 불행한 결혼 생활 때문이었다. 두 번째 부인 리타는 그사이 둘째 아이를 낳았다. 채플린은 그 사내아이에게 형의 이름을 따서 '시드니'라는 이름을 붙여 주었다. 하지만 리타는 채플린과 이혼한 후 그 아이를 '토미'라고 불렀다.

채플린은 리타를 사랑하지 않았다. 리타 역시 채플린이 여배우들에게 관심을 가지는 것을 질투하기에 바빴다. 채플린은 심한 불면증에 시달리기 시작했다. 밤이면 엽총을 들고 침입자가 들어오지 않았을까 의심하여 집 안을 뒤지곤 했다. 그런가 하면 하루에 수십 번씩 샤워나 목욕을 했다. 채플린과 리타는 더 이상 화해할 수 없을 것 같았다.

채플린은 가정에서 불행하면 불행할수록 일에 매달렸다. 오로지 영화만이 채플린을 슬픔에서 벗어나게 했다. 영화를 완성할 때까지 숱한 어려움이 있었지만 채플린은 그것을 즐겁게 이겨 냈다. 채플린이 가장 사랑한 것은 어떤 여자가 아니라 일이고 영화였다. 리타는 그것만은 아무리 질투해도 이길 수가 없었다.

마침내 리타가 두 아이를 데리고 집을 나갔다. 리타는 나이가 어리기도 했지만 근본적으로 채플린을 이해하기 힘들었다. 채플린은 첫 번째 이혼 때문에 〈키드〉를 빼앗길 뻔했던 일을 생각해 냈다. 채플린은 그동안 찍은 영화 필름들을 언제든 안전한 곳으로 옮길 수 있도록 상자에 담았다.

채플린의 팬이었던 프랑스인 로베르 플로리는 당시 우연히 만났던 채플린에 대해 이런 기록을 남겼다.

지난 12월의 어느 날 밤, 나는 이집트 극장을 나와 우리가 곧잘 가는 식당까지 걷고 있었다. 그때 나는 바로 몇 발자국 앞에서 찰리의 낯익은 모습을 알아보았다. 나는 발걸음을 늦추었는데, 세계에서 가장 인기 있는 인물의 너무나도 고독한 모습에 말로 표현할 수 없이 우울한 감정에 휩싸였다. 그는 불 꺼진 상점 진열장 가까이에서 천천히 걷고 있었다……. 바로 그날 밤에도 전 세계에서 자신의 걸작 영화가 상영되고 있는 인물, 그날 밤 온갖 대륙에서 수많은 사람들을 웃긴 그 인물이 바로 내 눈앞에서 안개 속을 걷고 있었다. 밤에 홀로 있는 찰리의 모습은 이루 말할 수 없는 슬픔을 자아냈다……. 마치 일자리가 없거나 잘 곳이 없는 하찮은 엑스트라처럼 대로를 혼자 걷고 있는 찰리 채플린의 모습을 보니 몹시 마음이 아팠다.

채플린은 배고픈 아이처럼 혼자 걷다가 문득 길모퉁이에 쪼그리고 앉았다. 찰리의 눈앞에는 살이 찌고 평범한 잡종 개 한 마리가 누구를 기다리듯 웅크리고 있었다. 채플린은 개에게 뭔가를 묻는 듯했다. 그러자 개는 채플린을 친구로 생각한 듯 앞발을 내밀었다. 둘은 손과 발을 맞잡았다. 그때 채플린은 많은 배우와 스태프들을 호령하는 세계 최고의 감독이 아니었다. 자기가 만든 영화 속의 가난한 떠돌이 방랑자, 슬프지만 우스꽝스러운 주인공 찰리 그 자체였다.

로베르가 채플린에게 다가가자 채플린은 함께 식당으로 가자고 말했다. 채플린은 식당에서 정문으로 들어가지 않고 주방을 통해 들어갔다. 그것은 채플린이 조금 전의 그 개를 데리고 왔기 때문이었다. 채플린은 요리사에게 말했다.

"내 친구에게 먹을 것을 넉넉히 주시오."

그러자 그 개는 다시 한 번 앞발을 내밀어 채플린과 악수를 하는 것이었다. 채플린은 로베르에게 말했다.

"저 개는 나를 알고 있소. 종종 길모퉁이에서 나를 기다린다오. 그런데 오늘 밤 저 녀석이 아무것도 먹은 게 없다는 걸 알았지 뭐요. 그러니 식당으로 초대할 수밖에 없지 않소!"

채플린은 떠돌이 개와 친구가 될 만큼 외로웠다. 그러나 배고픈 개를 위해 인정을 베풀 만큼 따뜻한 마음을 지닌 사람이었다.

채플린은 결국 리타와 이혼을 했다. 처음에도 그랬지만 이혼을 하는 과정은 돈을 둘러싼 싸움이었다. 리타의 변호사들은 더 많은 위자료를 받기 위해 채플린의 명성을 망가뜨리려고 했다. 온갖 추한 이야기들이 다 흘러나왔다. 채플린은 천하에 둘도 없는 바람둥이에다 가정을 지키지 않는 파렴치한이라고 했다.

하지만 채플린은 파멸하지 않았다. 놀라운 일이었다. 누구도 채플린에 대한 일반 대중의 사랑이 그토록 뿌리 깊다는 것을 예상하지 못했다. 채플린 자신도 마찬가지였다. 그토록 심한 상처를 받고도 살아남으리라는 것을 채플린조차도 알지 못했을 것이다. 채플린은 항상 외로웠다. 하지만 그에게는 보이지 않는 친구들이 아주 많았다. 그들은 바로 채플린의 영화를 사랑하는 팬들이었다.

그때 캘리포니아에서 스튜디오를 지키고 있던 시드니는 채플린에게 편지를 썼다. 어렸을 때부터 어머니이자 아버지 역할까지 했던 형 시드니는 여전히 채플린을 마음 깊이 사랑하고 있었다.

"찰리, 너무 기죽지 마. 인생에는 돈보다 중요한 것이 있다는 사실을 잊지 마. 너는 미래에 아무 부족함이 없을 것이고 네가 건강한 한, 네 문제에 대해 냉정한 태도를 유지하는 게 도움이 될 거야. 난 뭔가 걱정스러운 일이 생길 때면 언제나 카노 극단의 계약서에 서명하던 그날 내가 얼마나 기쁘고 행복하고 자랑스러웠는지를 생각하곤 해. 그때 난 네게 이 기쁜 소식을 알려 주려고 케닝턴 가를 달음박질쳤었지. 따라서 행복이란 건 상대적인 것이고 우리가 생각하기 나름인 것 같아. 그러니 제발 기운을 내. 훗날 네가 전기를 쓸

때쯤이면 옛말을 하게 될 거야."

하지만 채플린이 이때 받은 상처는 생각보다 훨씬 컸다. 채플린은 75세가 되어 쓴 자서전에도 두 번째 결혼과 이혼에 대해 딱 한 줄만을 남겼다.

우리는 2년 동안 결혼했으며 잘해 보려고 노력했지만, 너무 절망적이어서 큰 고통 속에 끝나고 말았다.

# 비애국자 채플린

영국에 돌아간 채플린은 노벨 문학상을 수상한 영국의 작가 버나드 쇼, 세계적인 경제학자 케인스, 정치가 윈스턴 처칠 등 세계적으로 유명한 사람들을 많이 만났다. 그중에는 영국의 식민지였던 인도에서 독립운동을 하고 있던 간디도 있었다. 간디는 당시 영국을 방문 중이었다. 채플린은 평소에 간디에게 깊은 존경심을 가지고 있었다.

간디는 빈민가의 아주 초라한 집에서 머무르고 있었다. 거리에는 사람들이 넘치고 집 안 가득 기자와 카메라맨들이 꽉 들어차 있었다. 기자회견은 거리로 창문이 나 있는 2층의 방에서 열렸다. 채플린은 마하트마(대성자) 간디를 기다리며 무슨 이야기를 할 것인지 이리저리 생각했다. 투옥, 단식투쟁, 인도의 자유를 위해 싸워온 일, 그리고 기계문명 반대론자라는 것 정도가 채플린이 간디에 대해 아는 것이었다.

마침내 간디가 모습을 드러냈다. 바싹 마른 몸을 둘둘 만 모포를 걸어 올리면서 택시에서 내리자, 기다리던 군중들은 환호성을 질렀다. 지저분하고 좁은 빈민가에서 한 외국인이, 그것도 영국의 지배를 받는 식민지 출신이 군중의 환호를 받는 광경은 기묘한 느낌을 주었다. 간디는 채플린과 나란히 소파에 앉았다.

채플린은 기발한 희극배우로 알려져 있었다. 그래서 사람들에게 둘러싸이면 뭔가 재미있는 이야기를 해야만 할 것 같은 압력을 받았다. 사람들은 채플린의 얼굴을 쳐다보며, 뭔가 재밌는 걸 보여줘,라고 잔뜩 기대를 하는 것 같았다. 채플린은 사실 그런 자리가 참 부담스러웠다. 언제 어디서나 사람들을 웃기고 즐겁게 해 줘야만 한다는 것은 희극배우들이 공통적으로 갖고 있는 불안이기도 했다.

채플린은 헛기침을 하며 간디에게 물었다.

"물론 저는 자유를 추구하는 인도, 그리고 그 때문에 투쟁하고 있는 인도에 대하여 진심으로 공감하고 있습니다. 그러나 당신이 기계를 싫어한다는 말을 들었는데 좀 이해가 가지 않는군요."

간디는 가볍게 웃으며 고개를 끄덕였다.

채플린은 말을 이었다.

"기계라는 것은 세상을 위해, 사람을 위해 사용하기만 한다면 인간을 노예 상태에서 해방시켜 주고 노동 시간을 단축하고, 그럼으로써 지성의 향상과 생활의 기쁨을 증진시키는 데 도움을 주지 않겠습니까?"

간디가 조용히 대답했다.

"말씀은 잘 알겠습니다. 그러나 인도는 그런 목적을 달성하기 전에 먼저 영국의 지배에서 해방되어야 합니다. 지난날 우리는 기계 때문에 영국의 노예가 되어 버렸습니다. 그러므로 그 예속 상태에서 빠져나오는 단 하나의 길은, 먼저 기계로 만든 모든 상품을 거부하는 것밖에 없습니다. 우리 인도인이 자기가 필요로 하는 실은 자기가 잣고, 자기가 입을 옷의 옷감은 자기 손으로 짠다는 것, 그것을 모든 국민의 애국적 의무로 규정한 것도 사실은 그 때문이지요. 이것이 영국과 같은 초강대국에 대한 우리들의 공격법입니다……."

채플린은 간디의 조용한 몸짓과 말에 감명을 받았다. 간디는 그 외에도 몇 마디를 덧붙였다. 최고의 독립이란 모든 불필요한 것을 떨쳐 버리는 것이고, 폭력으로는 결국 모두가 멸망한다는 것이었다.

기자들이 한바탕 요란스럽게 사진을 찍어 대고 물러갔다. 간디는 채플린을 따로 불렀다.

"잠깐 남아서 우리들이 예배하는 모습을 보고 가지 않겠습니까?"

채플린은 좋다고 했다. 나라를 빼앗긴 인도인들이 자기 나라를 빼앗은 영국의 후미진 빈민가에서 기도를 드리기 시작했다. 먼저 간디가 바닥에 책상다리를 하고 앉고, 다섯 명의 인도인들이 그를 둥글게 에워싸고 앉았다. 해가 저물 무렵이었다. 경건한 기도 소리가 조용히 흘러나왔다.

채플린은 혼자 소파에 앉아 그들을 지켜보고 있었다. 간디는 예리한 두뇌와 정치에 대한 깊은 생각을 가진 현실주의자다. 하지만 그들이 노래하듯이 흥얼대는 기도 소리는 그 모든 것을 잊게 했다. 그들은 지극히 평화로워 보였다. 채플린이 진정으로 원하는 것도 이러한 평화, 그에 다름 아니었다.

채플린은 사실 조국인 영국과 썩 잘 맞는 편이 아니었다. 영국의 언론은 미국에서 크게 성공해서 돌아온 채플린이 건방지게 군다고 생각하는 것 같았다. 언젠가 채플린은 테니스 코트에서 한 젊은이를 만나 이런저런 잡담을 나누게 되었다. 그 젊은이는 보기보다 사람을 대하는 솜씨가 부드러운 데다 꽤나 재치가 있었다.

채플린은 상대방이 자기 이야기를 열심히 들어 주면 금세 홀딱 반해 버리는 특징이 있었다. 그래서 시키지 않아도 이런저런 이야기를 자기편에서 열심히 하게 되는 것이다. 젊은이와 대화를 하던 중 세계 정치가 화제에 오르자, 채플린은 평소 생각대로 비관적인 의견을 내놓았다. 지금 유럽의 분위기로 보아 아무래도 또 한판 전쟁이 터질 것 같다는 따위의 이야기였다.

"하지만 전쟁이 일어나도 저는 출전하지 않겠습니다."

젊은이가 말했다.

채플린은 그에게 맞장구를 쳤다.

"당신의 그런 태도를 이해할 수 있소. 나도 그런 전쟁에 우리를 끌어들이려는 인간들을 경멸하오. 나가서 누구를 죽이라는 둥 무

엇을 위해 나가 죽으라는 둥 하는 소리는 몸서리가 나오. 더구나 그
것을 모두 애국심이라는 미명 아래 시키니 말이오!"

채플린은 오랜만에 마음에 맞는 젊은이를 만나 실컷 떠들다가
기분 좋게 헤어졌다. 그런데 알고 보니 그 젊은이는 신문기자였던
것이다. 이튿날 신문에는 채플린에 대한 비방 기사가 큼지막한 제
목과 함께 실려 있었다.

'비애국자 찰리 채플린!'

하지만 신문 기사가 아주 거짓이라고 할 수는 없었다. 채플린은 솔직하게 자기의 생각을 말했던 것뿐이었다. 채플린은 자기를 애국자라고 생각하지 않았다. 누가 무어라고 흉을 보고 욕을 해도 할 수 없었다. 사실은 애국자가 되고 싶지도 않았다. 600만 명의 유대인이 살해되는 데도 '애국심'이라는 이름이 사용되었다. 어느 누가 사람의 생명을 파리 목숨처럼 함부로 빼앗는 학살을 용서할 것인가? 그것은 독일이 저지른 일이라고 말할 수도 있겠지만, 실제로 어느 나라에서든 그런 이름의 횡포는 있을 수 있는 일이었다.

채플린은 영국인으로서의 애국심을 운운할 기분이 아니었다. 그는 만일 자신이 정원이 딸린 집에서 태어나 행복한 소년 시절을 보내고, 가족이나 친구 같은 가정적인 분위기에 젖어 있었다면 좀 다를 수도 있었으리라고 생각했다. 하지만 채플린은 그런 배경이 아무것도 없었다. 지독하게 가난했던 채플린에게 조국이 준 것은 빈민구호소에서 지급되던 딱딱하게 굳은 검은 빵 정도였다.

채플린은 자신의 조국이 침략을 받는다면 자기 역시 다른 사람처럼 숭고한 희생을 바칠 수도 있을 것이라고 생각했다. 하지만 이유도 달지 않고 무조건 조국을 사랑해야 한다는 따위는 질색이었다. 그것은 결국 나치즘으로 세계를 흔들고 있었다. 채플린은 대통령을 위해서도, 수상을 위해서도, 더군다나 독재자를 위해서는 결코 죽을 수 없었다.

채플린은 근본적으로 자기의 무성영화 속에 나오는 떠돌이 방랑자와 같았다. 그는 채플린의 분신이었다. 떠돌이는 나라도 없고 민족도 없고 가족도 없다. 하지만 인간으로서의 따뜻한 마음, 체면, 예의를 아는 인물이다. 그는 끝없이 천대받고 조롱당하지만 결코 비굴하게 굴어서 스스로를 비참하게 만들지는 않는다. 눈물 대신 웃음을 짓는 것은 떠돌이의 자존심이다. 그는 평화를 사랑하는 인물이다. 폭력을 거부하고 강한 자보다는 약한 자의 편에 선다.

채플린은 휴가를 갖는 동안 자신이 만들어 낸 떠돌이 방랑자를 포기할 것인가에 대해 많은 고민을 했다. 그것은 무성영화에서 유성영화로 갈 것인가에 대한 고민이기도 했다. 무성영화 〈시티 라이트〉는 다른 유성영화들보다 크게 성공했지만, 앞으로는 유성영화가 중심이 될 것임은 분명했다. 하지만 유성영화를 만들게 되면 떠돌이 방랑자는 더 이상 살아갈 수 없다. 떠돌이 방랑자는 어떤 나라의 언어로 말을 할 것인가? 그가 입 밖으로 한마디를 내뱉는 순간, 그는 지금까지와 전혀 다른 인물이 되어 버릴 것임이 분명했다.

채플린은 떠나기 전보다 더 깊어진 고민을 안고 1년 4개월 만에 할리우드로 돌아왔다.

# 모던 타임스

채플린은 1931년 1월의 마지막 날 떠나서, 1932년 6월 10일에 할리우드에 돌아왔다. 방황이 꽤 길었던 셈이었다. 하지만 채플린은 집에 돌아와서 편안하다는 느낌보다는 방향을 잃어버린 느낌, 그리고 무엇보다 큰 외로움을 느꼈다. 채플린은 아이처럼 울고 싶었다.

채플린은 긴 여행을 하는 동안 무언가를 찾고 있었음이 분명했다. 그것은 진정으로 자신을 사랑해 줄, 자기가 사랑할 수 있는 여자일 수도 있었다. 아니면 지금까지와 전혀 다른 생활, 새로운 꿈일 수도 있었다. 채플린은 뜬금없이 이대로 은퇴해 버리고 재산을 정리하여 중국으로 이민을 가버릴 생각을 하기도 했다.

하지만 채플린이 가지고 돌아온 것은 아무것도 없었다. 세상은 변한 듯, 변하지 않았다. 가게들은 불경기로 맥이 풀려 있었다. 할리우드는 무성영화의 시대가 이미 지나고 유성영화의 시대가 와 있었다. 예전 무성영화의 스타들은 모두 사라져 버렸고, 남은 것은 채플린을 포함해서 겨우 몇 사람뿐이었다. 이제 영화는 냉정한 산업으로 변신하고 있었다. 채플린은 모든 것이 넌더리가 나게 복잡하게 되었다고 치를 떨었다.

'이런 너저분한 잡동사니 속에서 누가 독창적인 일을 할 수 있단 말인가?'

채플린은 그런 모든 것들을 견딜 수가 없었다. 하지만 영화계의 변화를 모두 나쁘다고 할 수만은 없었다. 무엇보다 기술이 날로 발전해서 카메라는 더욱 기동성을 발휘하게 되었고, 복잡한 장치들을 그다지 비싸지 않게 빌릴 수 있게 되었다. 하지만 영화를 찍을 환경이 점점 나아지는 상황에서도 채플린은 좀처럼 다시 일할 의욕을 느끼지 못했다.

그때 채플린은 폴리트 고다르를 만나게 되었다. 폴리트는 아름답고 생기가 넘치고 야심만만한 여배우였다. 폴리트와 채플린은 만나자마자 뜻이 잘 맞았다. 두 사람은 비슷한 점이 많았다. 폴리트 역시 부모의 이혼으로 어린 나이에 가족을 보살펴야 했으며, 열여섯 살에 부유한 남자와 결혼했다가 이혼한 과거를 가지고 있었다.

무엇보다도 두 사람은 모두 외로웠다.

당시 리타가 낳은 채플린의 두 아들, 찰스와 시드니는 일곱 살과 여섯 살이었다. 채플린은 그들을 만나는 것이 매우 고통스러운 일이었기 때문에 아이들과 좀처럼 만나지 않고 지냈다. 리타는 배우에서 가수로 출세해 보려고 했기 때문에 아이들은 주로 외할머니의 손에서 자라났다. 1932년 기자 아이다 자이틀린은 채플린의 두 아이를 인터뷰한 기사를 썼다.

토미(시드니)는 명랑하고 장난기가 있는 반면, 찰리는 생각이 깊고 말수가 적다……. 찰리의 성격은 아버지를 닮아 불안한 반면, 어머니를 닮은 토미의 성격은 한결같다. 여기에 굳이 의미를 부여한다면, 앞으로 찰리는 동생 토미보다 더 힘들게 삶을 영위할 것이다.

나중에 자이틀린의 이 예언은 정확하게 들어맞게 된다.

리타는 두 아이를 영화배우로 만들려고 했다. 몰려든 기자들 앞에서 찰리는 카우보이 역을 맡고 싶다고 했고 시드니는 미키마우스가 될 것이라고 했다. 하지만 채플린은 두 아이가 영화에 출연하는 데 반대했다. 영화배우를 하고 싶다면 좀 더 나이가 들어서도 늦지 않다고 생각했다. 채플린은 아이들이 너무 빨리 세상에 물드는 것이 싫었다.

채플린은 아이들과 좀 더 자주 만나기 시작했다. 그때부터 채플린은 토요일마다 아이들과 만나거나 여행을 하는 시간을 내려고 노력했다. 채플린은 자기 아이들만은 자기처럼 불행한 유년 시절을 겪지 않기를 진심으로 바랐다.

폴리트는 그런 채플린의 마음을 잘 이해해 주었다. 폴리트는 종종 채플린의 두 아이들과 어울려 놀며 시간을 보냈다. 씩씩하고 명랑한 폴리트는 꼭 소녀 같아서 아이들은 그녀를 누나처럼 따랐다. 그들은 함께 지붕 위로 올라가서 지붕 밑의 후미진 구석을 탐험하기도 했다. 채플린은 찰리에게 어렸을 때 쓰던 아코디언을 선물로 주었다. 찰리는 아빠가 연주하는 아코디언에 푹 빠진 듯했다. 채플린이 그처럼 가족과 함께 즐기는 것은 처음이었다. 그것이 채플린에게 새로운 에너지를 주었다.

채플린은 발랄한 폴리트를 바라보면서 새로운 영화를 구상했다. 채플린은 여전히 무성영화로 만들고 싶은 이야기를 가지고 있었다. 그것이 영화사의 명작 〈모던 타임스〉였다.

언젠가 채플린은 『뉴욕 월드』의 어느 젊은 기자로부터 디트로이트의 벨트 콘베이어 시스템에 대해 설명을 들은 적이 있었다. 디트로이트는 공업 도시로 유명한 곳이었다. 거대한 공장들이 숲을 이루고 굴뚝마다 검은 연기를 뿜어냈다. 건강하고 젊은 농부들은 대공장을 동경해서 도시로 나와 공장 노동자가 되었다. 하지만 이 공

장의 벨트 시스템에서 4, 5년만 일하면 모두 신경쇠약에 걸려 버린
다는 것이었다. 무서운 일이었다.

채플린의 아이디어가 샘솟기 시작했다. 점심시간에도 일을 할
수 있도록 하는 자동 식사기까지 생각해 냈다. 〈모던 타임스〉는 양
떼를 모는 장면과 공장에서 노동자들이 쏟아져 나오는 장면이 겹
치면서 시작된다. 주인공 찰리는 공장에서 일을 하다가 신경쇠약
으로 쓰러진다. 건강이 회복된 뒤 찰리는 빵을 훔치다가 체포된 말
괄량이 아가씨와 만난다. 이 말괄량이 아가씨 역은 당연히 폴리트
가 맡았다. 방랑자와 말괄량이는 오두막집에 가정을 꾸리고 찰리
는 집 밖 개집에서 잠을 잔다.

찰리는 이제 자유를 소중히 여기게 되었지만, 어이없이 강도 사
건의 범인으로 몰려 감옥에 들어가고 만다. 석방된 찰리는 싸구려
술집에서 댄서로 일하는 말괄량이와 만나게 된다. 찰리는 노래하
는 웨이터로 일하게 된다. 그러나 찰리가 미처 노래를 끝내기도 전
에 아동보호소 직원들이 말괄량이 소녀를 끌고 가기 위해 들이닥
친다. 두 사람은 재빨리 달아난다. 두 사람은 길 위에 서 있다. 가진
것도 없고 갈 곳도 없다. 하지만 자막에는 찰리의 익살스러운 대사
가 나온다.

"우린 잘 살아가게 될 거야."

두 사람은 팔짱을 끼고 지평선을 향해 터벅터벅 걸어간다.

말괄량이 역을 맡은 폴리트는 누더기를 입고 얼굴에 검댕을 칠했다. 그녀는 울상을 지었다.

"이 검댕은 말이오, 사마귀를 다는 것과 같단 말이오."

채플린은 우스갯소리로 폴리트를 위로했다. 채플린은 누더기를 입고도 아름다운 말괄량이를 원했다.

〈모던 타임스〉를 찍는 동안 채플린은 자기를 돌보지 않고 밤낮으로 일했다. 촬영장에서 채플린은 지칠 줄 모르고 다른 배우와 스태프들을 질릴 정도로 내몰았다. 그러다 일이 끝나면 채플린은 분장도 지우지 않고 의상을 입은 채로 집에 갔다. 그때의 채플린은 너무 지쳐 있어서 차에서 내릴 수 있게 누군가가 부축을 해주어야 할 정도였다. 일이 잘 풀리면 그나마 괜찮지만 제대로 진행이 되지 않은 날에는 피로가 더 심했다. 그럴 때 채플린은 약 45분 동안 증기탕 속에 틀어박혀 있었다. 증기탕에서 나올 때쯤에는 저녁 식사를 하러 나갈 수 있을 만큼은 기운을 되찾았다.

하지만 이토록 정성을 들여 만든 〈모던 타임스〉를 공개하기도 전에 몇몇 신문에 이 영화가 공산주의적이라는 기사가 나왔다. 신문에 소개된 간단한 스토리 요약만 읽고 난 감상이었다. 〈모던 타임스〉가 사람들을 기계의 부품 중 하나로 만드는 문명을 반대하는 것만은 확실했다. 하지만 자유주의적인 비평가들은 '이것은 공산주의도 아니고 반공산주의도 아니다, 채플린은 그저 담 위에 걸터 앉아 있는 것이다.'라고 썼다.

〈모던 타임스〉는 채플린의 다른 영화들과 마찬가지로 큰 성공을 거두었다. 영화를 본 관객들은 모두 일어서서 박수를 쳤다. 하지만 유성영화가 판치는 세상에 무성영화는 미운 오리 새끼 같은 대우를 받지 않을 수 없었다. 채플린은 〈모던 타임스〉의 시사회가 끝나자 폴리트와 함께 중국으로 떠났다. 일본과 홍콩과 싱가포르를 거쳐 중국으로…… 채플린의 방랑은 5개월 동안 이어졌다.

훗날 밝혀진 사실이지만, 채플린은 1936년 중국을 여행하는 동안 폴리트 고다르와 세 번째 결혼을 했다. 하지만 결혼을 한 이후부터 두 사람의 사이는 썩 좋지 못했다. 이후 폴리트 고다르는 채플린 최초의 유성영화 〈위대한 독재자〉에 여주인공으로 출연했다. 폴리트는 채플린의 좋은 짝이 될 수는 없었지만 씩씩하고 재능 있는 여배우였다. 1942년 이혼을 한 후에도 두 사람은 친구처럼 편하게 지냈다.

채플린은 모든 것을 잊고자 도망치다시피 미국을 떠나 동양을 여행했다. 하지만 그동안에도 채플린은 항상 영화에 대해 고민하고 있었다. 〈모던 타임스〉는 성공했다. 그러나 지금이야말로 채플린의 영화는 기로에 서 있었다. 무성영화를 계속 고집할 것인가? 시대의 변화에 따라 유성영화를 만들어야 할 것인가? 이제 할리우드 전체가 무성영화를 버렸다. 아직도 버티고 있는 것은 채플린 혼자뿐이었다.

　하지만 한편으로 채플린은 자신이 없기도 했다. 자기가 유성영화를 아무리 잘 만든다고 해도 이전의 팬터마임보다 나을 수 없을 것이라고 생각했다. 예를 들어 주인공 방랑자가 소리를 낸다면 어떤 목소리를 내야 할까? 그저 간단히 한두 마디를 지껄이고 말까? 아니면 그저 우물우물 얼버무리며 넘어갈 것인가? 채플린은 자기가 입을 떼는 순간 다른 코미디언들과 다를 것이 없을 것이라고 생각했다.

　채플린은 그토록 도망치고 싶어 하던 중국에 왔지만, 예전에 꿈꾸었던 대로 직업을 바꾸고 모든 것을 잊고 살 수 없었다. 채플린은 영화 없이는 한순간도 살 수 없었다. 기쁨도 고통도, 채플린을 살아 있게 하는 모든 것은 영화 속에 있었다.

# 고독한 천재, 자유로운 거인

# 위대한 독재자

세계는 또다시 전쟁의 소용돌이에 말려들고 있었다. 나치스는 1921년 히틀러가 당의 총재가 된 이후 1차 세계대전이 끝나고 혼란스러운 독일에서 크게 발전하였다. 나치당의 중심이 된 주장은 독일민족 지상주의와 인종론이었다. 게르만 족은 인류 중에서 가장 위대한 종족이기 때문에 다른 민족을 지배할 사명을 가지고 있으며, 여기에 가장 큰 적이 유대인이라고 했다. 유대인은 가장 열등하고 인류에 해악적이기 때문에 그들을 격리하고 멸종시켜야 한다고 주장했다.

그런데 어이없게도 이 막무가내 폭력적인 주장이 사람들에게 받아들여졌다. 사람들은 1차 세계대전이라는 끔찍한 전쟁을 겪었지만 여전히 어리석음에서 빠져나오지 못했다. 채플린은 그런 현실에 치를 떨었다.

'아아, 사람들은 어쩌면 그렇게도 빨리 제1차 세계대전이라는 죽음과도 같은 고통의 4년을 잊어버리는 것일까. 몸서리쳐지는 인간의 잔해. 팔이 잘려 나가고 다리를 잃고 두 눈이 멀고 턱이 날아가고, 한 발짝마다 경련하듯이 다리를 끌어야 하는 인간 파괴의 비극이 그렇게 빨리 잊혀질 수 있는 걸까. 죽지 않은 자도 부상당하지 않은 자도 결국 피해자가 아닌 사람이 없었다. 미쳐 버린 사람은 또 얼마나 많은가! 마치 괴물처럼 전쟁은 청년들을 무더기로 삼켜 버렸다. 남겨진 것은 그저 노인들뿐. 그런데도 사람들은 금방 잊어버리고 전쟁을 찬양하는 노래를 듣고 있다!'

심지어 전쟁이 여러 가지 점에서 좋은 것이라고 말하는 사람도 있었다. 산업을 발전시키고 기술의 발전을 가져다주고 사람들에게 새로운 일자리를 주기 때문이라고 했다. 전쟁을 일으킨 나라 중의 하나인 일본에서는 육군 팸플릿의 첫 구절에 다음과 같이 적기도 했다.

"전쟁은 창조의 아버지요, 문화의 어머니!"

실로 끔찍한 전쟁 미치광이들이 날뛰고 있었다.

전쟁이 일어날 조짐을 보이자 주식시장은 황금시대를 맞았다. 주가는 나날이 올라갔다. 사람들은 몇 백만의 떼돈에 눈이 멀어 몇 백만의 죽어 가는 사람들에 대해 생각하지 않았다. 채플린은 쉽게 새로운 영화를 만들 수 없었다. 무섭고 추악한 인간 괴물 아돌프 히틀러가 미친바람을 불러일으키고 있다. 세계 곳곳이 전쟁 미치광이들의 손아귀에 들어가 있다. 그런데 어떻게 태평스럽게 달콤한 사랑 이야기를 속삭이고 있을 수 있는가?

그러던 중 채플린은 영국의 영화 프로듀서 알렉산더 코다로부터 한 가지 제안을 받았다. 히틀러를 소재로 한 영화를 만들면 어떻겠냐는 것이었다. 채플린 영화의 주인공 떠돌이 방랑자와 히틀러가 똑같은 콧수염을 기르고 있다는 데서 중요한 아이디어가 떠올랐다. 두 사람이 뒤바뀌는 이야기, 채플린이 두 역할을 맡으면 된다는 것이었다. 채플린은 문득 아이디어가 번득였다.

'바로 이것이다!'

히틀러로 분장한 방랑자가 대중들을 상대로 내용을 알 수 없는 연설을 실컷 지껄여 댄다. 이것으로서 세계의 영웅으로 떠오르고 있는 히틀러는 한순간에 우스꽝스러운 광대가 된다. 이것만큼 히틀러를 조롱하면서 동시에 사람들에게 웃음을 줄 수 있는 이야기는 없을 것 같았다. 채플린은 즉시 할리우드로 돌아와 각본을 쓰기 시작했다. 그러나 이야기를 발전시키는 데만도 꼬박 2년이 걸렸다.

채플린이 〈위대한 독재자〉를 절반쯤 만들었을 때, 유나이티드 아티스트로부터 안 좋은 소식이 들려왔다. 미국의 영화 제작자와

배급자 연합에서 어쩌면 검열에 걸릴지도 모른다는 경고가 있었다는 것이다. 또 영국에서도 히틀러에 반대하는 영화라는 것을 걱정하고 있다고 했다. 영화가 만들어져도 과연 영국에서 상영할 수 있을지 알 수 없다는 것이었다.

하지만 채플린은 자신의 뜻을 굽히지 않았다. 채플린은 히틀러라는 인간을 웃음거리로 만들어 주고 싶었다. 그런데 여기에 놀라운 사실이 있다. 채플린이 〈위대한 독재자〉를 만들기 시작한 1938년부터 촬영을 완료한 1940년 당시, 아돌프 히틀러는 지금의 우리가 아는 것과 같은 인물이 아니었다. 유대인 집단 수용소인 아우슈비츠는 촬영이 끝난 직후, 1940년 중반에 만들어졌다. 채플린이 영화를 만들 당시 히틀러는 학살자가 아니라 혼란한 시대의 영웅으로 불리고 있었다. 독일뿐만이 아니라 세계 곳곳에서 히틀러 같은 위대한 지도자가 나와야 한다는 의견이 많았다. 그런데 채플린만은 히틀러의 본질을 꿰뚫어 보고 있었다.

훗날 채플린은 만약에 그때 자신이 나치 강제수용소에 대해 알았다면 과연 〈위대한 독재자〉를 만들 용기를 낼 수 있었을까, 하고 생각했다. 어쩌면 살인마들의 모습을 웃음거리로 만들 용기가 나지 않았을지도 모를 일이다. 하지만 채플린이 히틀러를 풍자한 영화를 만들 때, 채플린은 오로지 순결한 피를 가진 민족이라는 헛소리를 웃음거리로 만들고 싶었던 것뿐이다. 세상에 순수한 민족이라는 것이 어떻게 따로 있을 수 있는가? 그렇다면 피가 더러운 민족 또한 따로 있단 말인가? 도대체 누가 더럽고, 누가 깨끗하단 말인가?

뉴욕의 사무소로부터 편지가 날아왔다. 미국에서고 영국에서고 〈위대한 독재자〉를 상영할 가망이 전혀 없으니 제작을 중지하는 게 어떠냐는 것이었다. 하지만 채플린은 설사 자기가 영화관을 빌리러 뛰어다녀야 할지라도 영화를 중단할 수 없다고 결심했다.

그런데 영화가 완성도 되기 전에 영국이 나치에 대해 전쟁을 선포했다. 드디어 제2차 세계대전이 발발했다. 그런데 전쟁은 이상한 방향으로 흐르고 있었다. 독일은 마지노선(제1차 세계대전 후 프랑스가 독일군의 공격을 저지하기 위해 양국의 국경을 중심으로 구축한 대규모 요새선)을 무너뜨리고 프랑스를 점령했다. 영국도 위태로웠다. 히틀러는 미친 듯이 러시아 침공을 결정했다. 미국은 아직 참전하지 않고 있었다. 채플린의 영화 작업도 더욱 바빠졌다.

마침내 영화는 완성되었지만 채플린은 여전히 걱정이 많았다. 〈위대한 독재자〉를 처음 만들 때부터 어디선가 이상한 편지가 날아들고 있었는데, 완성과 함께 갑자기 그것이 많아졌다. 편지 내용은 주로 협박이었다. 상영 영화관에서 최루탄을 던지고 총을 쏘아 스크린을 벌집으로 만들어 놓겠다고 하는가 하면 폭동을 일으키겠다는 것도 있었다. 처음에는 경찰에 신고를 할까 생각했지만 그런

일이 알려지면 관객들이 오지 않을까 염려하여 신고하지 않았다. 여러 가지로 〈위대한 독재자〉는 채플린의 다른 영화들과 달랐다.

첫 기자 시사회가 끝났다. 기자들은 특별히 냉정한 사람들이라 그런지 몰라도, 일반 관객들과 달리 기자들을 웃기고 울리기란 몇 배는 힘든 일이다. 그 사람들은 도통 자기감정을 드러낼 줄 모른다. 채플린의 영화를 보면서도 기자들은 아주 묘하게 썰렁하게 웃었다. 이번에도 진짜로 터져 나오는 폭소는 들을 수가 없었다.

"위대한 영화요."

영화가 끝나고 미국 대통령 루스벨트의 보좌관인 해리 홉킨즈가 채플린에게 말했다.

"현실적인 의미가 큰 영화요. 그러나 아마 상영될 기회는 없을 거요. 결국 당신은 돈만 내버린 셈이오."

다행스럽게도 홉킨즈의 예언은 틀렸다. 개봉 첫날 밀려든 관객은 그야말로 엄청났다. 모두 흥분하고 열광하면서 〈위대한 독재자〉를 보았다. 결국 뉴욕의 영화관 두 곳에서 15주 동안 계속 상영을 했다. 뿐만 아니라 〈위대한 독재자〉는 그때까지 채플린이 만든 작품 중에서 최고의 수익을 가져왔다. 히틀러는 실제로 살아 있는 무서운 적이었다. 그런데 사람들은 못된 아돌프 히틀러와 세계에서 가장 웃기는 사람이 신체적으로 닮았다는 사실을 마음에 들어 했다. 그것으로나마 사람들은 자기들이 사로잡혀 있는 공포를 위로받았다.

그러나 비평은 가지각색이었다. 마지막 부분에 얼결에 독재자로 오해를 받아 단상에 오른 방랑자 찰리는 몰려든 관중들 앞에서 긴 연설을 하게 된다. 그 부분을 어떤 사람은 감상적이라고 했고 어떤 사람은 공산주의의 냄새를 풍긴다고 했다. 하지만 대다수의 군중들은 이 연설에 감동을 받고 좋아했다.

이 긴 연설의 일부분만을 추리자면, 다음과 같다.


……나는 누구를 지배하는 것도 누구한테 지배받는 것도 원하지 않습니다. 될 수 있다면, 유대인도 그리스도 교도도 흑인도 백인도, 모두 도와주고 싶습니다. 우리는 서로 돕기를 바라고 있습니다. 인간이란 그런 것입니다. 우리는 남의 불행에 의해서가 아니라 서로의 행복에 의해서 살고 싶은 것입니다……. 우리를 덮치고 있는 이 불행도 결국 탐욕이 만들어 낸 일이며 인류의 진보를 무서워하는 비정한 사람들이 빚어내는 일에 지나지 않습니다. 증오는 틀림없이 사라지게 마련이고 독재자들은 죽고, 그들이 국민으로부터 빼앗은 힘은 다시 국민의 손에 돌아갈 것입니다. 그리고 사람에게 생명이 있는 한 자유는 결코 죽지 않습니다……. 독재자는 자기 하나만 자유롭고 모든 사람을 노예로 만들어 버립니다. 지금이야말로 세계의 해방을 위하여 싸울 때입니다. 나라와 나라의 장벽을 허물고, 탐욕과 증오와 비정을 추

방하기 위해서 싸웁시다. 이성의 세계를 만들기 위해서, 과학과 진보가 우리 모두를 행복으로 이끌어가 주는 세계를 만들기 위하여 자아, 모두 싸웁시다. 병사 여러분, 민주주의의 깃발 아래 모두 손을 잡고 하나가 됩시다……!

하지만 채플린은 열광만큼 비난도 받을 수밖에 없었다. 아직도 세상에는 나치를 따르는 어리석은 사람들이 많았다. 언젠가 어느 파티에서 뉴욕의 어느 명문가 청년이 채플린에게 왜 그렇게 나치를 싫어하느냐고 물었다. 채플린은 그들이 반인간적이기 때문이라고 말했다.

"그래요? 그러니까 당신은 유대인이군요?"

청년은 무슨 새로운 이야기를 들은 듯 놀란 체하며 말했다. 채플린은 조용히 대답했다.

"유대인만 나치를 반대하는 건 아니오. 정상적인 사람이라면 누구나 나치를 반대하지요."

실제로 채플린에게는 유대인의 피가 단 한 방울도 섞여 있지 않았다.

채플린은 〈위대한 독재자〉를 찍은 이후 많은 전쟁 반대 집회에 참여했다. 인기를 끌기 위해서가 아니었다. 어떤 비평가가 비꼰 것처럼 전쟁을 지도하고 싶어서도 아니었다. 채플린은 다만 자기가 옳다고 믿는 신념 때문에 집회에 참여하여 연설을 했다.

하지만 정치가가 아닌 사람이 정치적인 신념을 밝힌다는 것은 간단치 않은 일이었다. 여기저기서 강연과 토론을 요구하는 일이 많아지면서 채플린은 피곤해졌다. 채플린이 원한 것은 이름을 드높이는 일도 돈키호테 같은 모험도 아니었다. 채플린이 정치적인 일에 뛰어든 것은 오로지 나치 때문이었다. 채플린은 나치를 정말로 미워하고 경멸했다. 아무리 많은 사람들이 나치가 옳다고 주장한대도, 채플린은 끝까지 나치에 찬성할 수 없었다. 채플린은 오직 진실의 편, 평화의 편, 인간의 편에 서고 싶었던 것이다.

# 일생에서 가장 아름다운 만남

채플린은 〈위대한 독재자〉 특별 개봉식에서 지금까지 숨겨 왔던 비밀 하나를 털어놓았다. 폴리트 고다르와 1936년 결혼했다는 것이었다. 하지만 공교롭게도 이 고백을 했을 때는 채플린과 폴리트의 결혼이 거의 깨져 갈 무렵이었다. 두 사람은 결국 헤어졌고 폴리트는 멕시코로 떠나 버렸다. 채플린은 무척 괴롭고 쓸쓸한 나날을 보내게 되었다.

채플린이 타고난 바람둥이였을까? 많은 여자들과 만나고 세 번이나 결혼을 했지만 채플린은 번번이 실패했다. 채플린은 일 중독자였기 때문에 애초에 단란한 가정을 가질 능력이 없었던 것일까? 하지만 채플린은 소년 시절에 그랬던 것처럼 따뜻한 가정을 갖고 싶었다.

채플린에게는 상처가 많았다. 그리고 일 욕심도 많았다. 그런 채플린을 다정하게 감싸 주고 친구처럼 위로해 줄 사람이 꼭 필요했다. 이제 채플린은 쉰 살이 넘었다. 하지만 여전히 많은 여자들이 채플린을 둘러싸고 있었다. 채플린이 유명한 배우이기 때문에, 백만장자이기 때문에 그들은 채플린을 좋아했다. 하지만 진정으로 인간 찰리 채플린을 사랑해 주는 여자는 없었다.

그때 채플린이 스스로 '일생에서 가장 행복한 만남'이라고 부른 사건이 일어났다. 새로운 영화의 여배우를 찾는 와중에 뉴욕에서 온 한 아가씨와 만나게 된 것이다. 그녀의 이름은 우나 오닐. 우나는 유명한 극작가 유진 오닐의 외동딸이었다. 유진 오닐은 노벨 문학상을 받은 대작가로 미국의 문학을 세계적인 수준으로 끌어올린 사람이다. 채플린은 유진 오닐을 직접 만난 적은 없지만 그의 작품을 읽어 보았다. 무게가 있는 작품이었다. 그래서 아마 우나 오닐도 어두운 느낌을 가진 아가씨일 거라고 상상했다.

채플린은 약속 시간보다 빨리 도착했다. 그런데 이미 우나 오닐은 도착해서 난롯불 옆에 혼자 앉아 있었다.

"혹시 아가씨가 미스 오닐인가요?"

채플린이 묻자 젊은 아가씨가 뒤를 돌아보았다. 그녀는 방긋 웃으며 그렇다고 대답했다. 예상과는 아주 딴판이었다. 대단한 미인은 아니었지만 매력이 있고 무엇보다 마음에 파고드는 상냥함을 가지고 있었다. 채플린은 처음 보는 순간 그녀에게 반했다.

그런데 우나 오닐은 그때 나이가 겨우 열일곱 살이었다. 아들 찰스와 비슷한 나이였다. 하지만 알면 알수록 우나 오닐은 나이보다 훨씬 성숙하고 너그러웠다. 유머를 가지고 있었고 언제나 남의 입장에서 사물을 볼 줄 알았다. 처음에 채플린은 나이 차이가 너무 많이 나기 때문에 불안했다. 젊은 여자들이 흔히 가지는 변덕스러움을 알고 있었기 때문이다. 하지만 우나는 채플린을 마음 깊이 존경하고 이해하고 있었다. 채플린과 우나는 곧 사랑하게 되었다.

하지만 당시 채플린은 복잡한 사건에 휘말려 있었다. 조앤 배리라는 여자가 채플린의 아이를 가졌다면서 나타난 것이었다. 그녀는 오랫동안 채플린을 괴롭히며 협박해 왔다. 물론 채플린의 돈을 노린 것이었다. 채플린은 진짜 아이의 아버지인가 아닌가를 밝히는 재판에 휘말렸다.

하지만 우나는 채플린을 믿어 주었다. 우나는 채플린이 화려해 보이지만 얼마나 외로운 사람인가를 알고 있었다. 우나와 채플린은 산타바바라에서 몰래 결혼식을 올렸다. 신문기자들은 채플린의 일거수일투족을 뒤좇고 있었다. 채플린은 그들을 피해 산타바바라에 조그만 집을 얻었다. 기자들도 결국 우나와 채플린의 집을 찾아내지 못했다. 하지만 현관의 초인종이 울릴 때마다 우나와 채플린은 펄쩍 뛸 만큼 무서워하기도 했다.

밤이 되면 두 사람은 조심스럽게 사람들의 눈을 피해서 조용한 시골길을 산책했다. 채플린은 진심으로 이런 한적하고 평화로운 생활을 원했다. 하지만 채플린은 죽을 때까지 배우일 수밖에 없었다. 한편으로 채플린은 자기가 사람들에게 영영 잊혀지는 것이 아닌가, 더 이상 영화를 찍을 수 없는 것이 아닌가 생각하며 우울했다. 그럴 때면 우나는 채플린에게 용기를 주며 격려했다.

우나는 책 읽기를 좋아했다. 우나 역시 배우 지망생이었기 때문에 책을 읽는 솜씨가 아주 좋았다. 마치 채플린의 어머니처럼. 우나는 장작이 타는 난로 앞에 웅크려 앉아 소리 내어 소설을 읽어 주었다. 때로는 익살스럽게, 때로는 슬프게. 채플린은 어린아이가 된 것처럼 턱을 괴고 이야기 속으로 빨려 들어갔다. 그럴 때면 모든 괴로움과 고민이 사라졌다. 우나는 채플린과 결혼한 후 더 이상 배우가 되는 꿈을 꾸지 않는다고 했다. 채플린은 우나의 재능을 아까워했지만 사실 기뻤다. 채플린은 처음으로 여배우가 아닌 아내와 함께 살게 된 것이다.

채플린은 그때 여러 가지로 힘들고 어려웠다. 재판 과정은 채플린의 얼굴에 오물을 끼얹는 일이었다. 채플린을 욕하고 싫어하는 사람들이 많이 생겨났다. 재판은 결국 채플린의 무죄가 밝혀지며 끝났다. 하지만 그 와중에 채플린은 너무 많은 상처를 입었다. 채플린은 도망치듯 우나와 함께 뉴욕으로 이사했다. 늙은 검정 사냥개 한 마리, 작은 아기 고양이 한 마리가 채플린의 친구가 되었다.

〈위대한 독재자〉 이후 채플린은 오랫동안 영화를 만들지 못했다. 재판에 시달리며 창작을 하고 싶은 마음을 잃어버린 탓이었다. 하지만 조금씩 기운을 찾아 〈살인광 시대〉의 제작에 들어갔다.

〈살인광 시대〉는 대공황으로 일자리를 잃은 별 볼일 없는 전직 은행원 베르두가 주인공이다. 베르두는 무서운 범죄를 계획하고 있다. 노처녀 여러 명과 결혼한 후, 그들을 죽이고 돈을 손에 쥘 궁리를 하고 있는 것이다. 병이 든 본처는 아들과 함께 시골에 살고 있지만 남편이 어떤 무서운 범죄를 꾸미고 있는지 전혀 모른다. 한 사람을 죽일 때마다 베르두는 아내한테로 돌아온다. 마치 평범한 시민이 하루 일을 마치고 집으로 돌아오는 것과 같다. 채플린이 만들어 낸 주인공 베르두는 선과 악의 얼굴을 모두 가진 인물이다. 선과 악을 동시에 가진 모순덩어리다.

베르두는 심지어 장미 가지를 자르면서 혹시 땅의 벌레를 밟아 죽이지 않을까 걱정한다. 그런데 그 마당의 한쪽 구석에서는 베르두가 죽인 시체가 소각로 속에서 타고 있다. 이 이야기는 채플린이 이전 영화에서 보여 준 유머와 조금 달랐다. 무서우면서도 끔찍한 유머였다. 그리고 강렬한 사회 비판까지도 포함한 유머였다.

채플린은 평생 웃음에 대해 생각했다. 유머란 무엇인가? 사람들이 웃는 이유는 무엇일까? 채플린이 남긴 몇 장의 메모에는 유머에 대한 그의 생각이 적혀 있다.

"난센스(이치에 맞지 않거나 평범하지 않은 말 또는 일)는 유머에 맞는 표현이 아니다. 그보다는 재미가 더 어울린다."

"지혜는 유머의 씨앗이다. 유머는 말과 행동, 동작, 태도, 또는 거동의 과장을 보여 주는 척도다."

하지만 〈살인광 시대〉는 여러 가지 문제로 검열에 걸렸다. 너무 자극적이라는 것이었다. 이를테면 춤추는 여자들의 옷이 너무 짧다거나, 욕실의 변기를 보이는 대목은 모두 잘라야 한다고 했다.

‘표현의 자유(학문과 예술의 자유 중 일부분이며 예술 창작에서 예술가가 자유롭게 자신을 표현할 수 있는 정신적 자유)’는 언제나 힘겹게 얻어지는 것이었다.

채플린이 세상에 맞서 싸워 가며 〈살인광 시대〉를 만드는 동안, 우나는 첫딸을 낳았다. 채플린은 마치 스무 살에 처음 아버지가 된 사람처럼 기쁨과 놀라움에 휩싸였다. 딸의 이름은 제랄딘이라고 붙였다. 우나를 닮아 밝은 미소를 가진 아이는 채플린의 어두운 마음을 환히 밝혀 주었다. 이때 두 아들 찰리와 시드니는 군대에 입대해 있었다. 채플린은 꽤 늙은 아버지였다.

# 나는 공산주의자가 아니라 평화주의자

공산주의는 마르크스, 엥겔스, 레닌 등에 의해 주장된 노동자 계급의 혁명운동이다. 러시아에서 혁명을 일으켜 소련(소비에트 연방 공화국)을 세운 공산당은, 제2차 세계대전을 거치는 동안 전 세계에 영향을 끼쳤다. 하지만 공산주의는 자본가 계급의 타도를 외치고 있었기 때문에, 자본주의 국가에서는 그만큼 공산주의를 반대하는 목소리도 높았다.

제2차 세계대전은 독일, 이탈리아, 일본 등의 파시즘(국수주의, 권위주의, 반공산주의를 주장하는 정치적 주의)과 연합군이 맞서 싸운 전쟁이다. 하지만 그 한편으로는 각 국가의 내부에서 공산주의와 반공산주의가 맞서는 '냉전'이 치러지고 있었다. 이편이 아니면 저편이었다. 친구가 아니면 적이었다. 오로지 흑과 백만이 존재하는 세상이었다.

채플린은 〈위대한 독재자〉를 만든 이후 따가운 세상의 시선을 받아 왔다. 자기가 어떤 생각을 가졌다고 솔직하게 밝히는 것이 매우 위험한 때였다. 하지만 채플린은 결코 자신의 주장을 굽히지 않았다. 눈치를 보느라 만들고 싶은 영화를 만들지 않을 수는 없었다. 그리고 영화 속에서 거짓을 말할 수도 없었다. 영화는 채플린의 인생, 그 자체였다.

〈살인광 시대〉를 만든 채플린은 먼저 할리우드에서 시사회를 열었다. 시사회가 끝나자 관객들은 1분 이상 박수를 계속 쳤다. 채플린은 자신감을 얻고 뉴욕으로 갔다. 그런데 그곳에서 생각지도 못했던 일을 겪게 되었다. 『데일리 뉴스』라는 신문이 채플린에게 공격의 화살을 던졌다.

채플린, 신작 개봉 때문에 뉴욕에 오다. 심퍼(공산주의 지지자)로서 맹활약을 보이는 그에게 기자 회견을 요구한다.

채플린은 좀 화가 났다. 이런 식으로 협박을 받고 물러날 수는 없었다.

채플린은 다음 날 아침 큰 호텔 방에서 미국인 기자들과 회견을 했다. 미국인 기자들이 채플린에게 적대감을 갖고 있는 것이 느껴졌다. 채플린은 최대한 친근하게 입을 열었다.

"안녕하세요? 여러분, 오늘은 어떤 것이든 답변하겠습니다. 이번의 신작에 대해서, 또 장래의 계획에 관해서, 여러분이 흥미를 갖고 있는 것이면 무엇이든 거짓 없이 말씀드리겠습니다!"

그런데 기자들은 전혀 반응이 없었다.

"한 분씩 말씀해 주십시오."

채플린은 생긋 웃으며 말했다.

그러자 앞쪽에 있던 여기자가 일어났다.

"당신은 공산당원입니까?"

"아닙니다."

채플린은 웃으면서, 그러나 분명하게 대답했다.

"왜 미국 시민이 되지 않소?"

"국적을 바꿀 필요가 없다고 생각하기 때문입니다. 저는 스스로 세계 시민이라고 생각하고 있습니다."

채플린은 평소의 생각대로 말했다. 하지만 기자들은 웅성거리기 시작했다. 국가주의가 판치고 '애국심'이 최고의 말이 된 세상에 그렇게 말하는 것은 불난 곳에 기름을 붓는 것과 같았다. 기자들이 앞을 다투어 물어 댔다.

"하지만 당신은 미국에서 수입을 올리고 있는 거 아닙니까?"

“수입 문제라면 기록을 보시죠. 제 사업은 국제적인 것으로, 총 수입의 70퍼센트는 외국에서 벌고 있지만 세금은 100퍼센트 미국에 내고 있습니다. 충실한 미국의 납세자지요.”

“한스 아이슬러를 알고 있습니까?”

“네, 친구입니다. 또 탁월한 음악가이기도 합니다.”

“그가 공산당원이라는 것을 알고 있습니까?”

“당원이건 아니건, 그런 것은 관계없습니다. 우리의 우정은 정치와는 무관하니까요.”

“그렇지만 당신은 공산주의자를 좋아하는 것 같던데요.”

“좋아하고 싫어하는 것은 나 자신이 판단할 일입니다. 남의 지시는 받지 않습니다. 그 정도의 자유는 있다고 생각합니다.”

기자들은 마구 떠들어 댔다. 채플린은 점점 기분이 나빠졌다. 적들에게 둘러싸여 있는 것 같은 느낌이었다. 누구도 채플린의 영화에 대해서는 말하지 않았다.

“유감입니다만 여러분, 이 기자회견장에서는 제 신작이 화제가 될 것으로 알고 있었는데 완전히 정치 논쟁이 되어 버린 것 같습니다. 더 이상 말씀드릴 것이 없습니다.”

채플린은 우울한 마음으로 기자회견을 마쳤다. 하지만 그때까지도 채플린은 자신이 있었다. 〈위대한 독재자〉를 만들었을 때에도 여러 가지 문제가 있었지만 좋아해 주는 관객이 더 많았다. 멋진 축하 편지도 받았고 어느 때보다 많은 관객이 극장을 찾았기 때문이었다. 하지만 이번에는 좀 달랐다. 미국에는 '공산주의자를 몰아내자'는 주장 아래 미친바람이 불고 있었기 때문이다. 채플린이 아무리 자기가 공산주의자가 아니라 평화주의자일 뿐이라고 말해도 소용이 없었다.

〈살인광 시대〉는 뉴욕에서 6주 동안 크게 성공했다. 그런데 어느 순간 관객들이 뚝 끊기고 말았다. 이상한 일이었다. 그 이유는 대표적인 반공 단체인 가톨릭 재향군인회가 영화관 앞에서 시위를 벌이고 있었기 때문이었다. 그들이 내건 플래카드에는 이렇게 쓰여 있었다.

"채플린은 심퍼다!"

"외국인은 국외로 추방하라!"

"채플린, 돌아가라! 하숙생은 이제 그만."

"배은망덕한 공산당 심퍼, 채플린."

"채플린을 러시아로 보내라!"

너무도 기가 막힌 현실 앞에서 채플린은 그만 피식 웃어 버렸다.

"이 사진에 관객들 모습이 하나도 보이지 않는 걸 보니, 아마 새벽 다섯 시쯤 시위를 했던 모양이지."

결국 이런저런 소동 끝에 〈살인광 시대〉는 썩 좋은 흥행 성적을 내지 못했다. 유나이티드 아티스트 사도 몹시 어려워졌다.

하지만 이 와중에도 채플린은 새 영화를 생각하고 있었다. 오직 영화만이 채플린의 살길이었다. 사람들의 따돌림을 받을수록, 세상이 점점 채플린을 궁지에 몰아넣을수록 채플린은 영화에 매달렸다.

그러는 사이에 우나는 아들 마이클과 딸 조세핀 해너, 빅토리아를 낳았다. 채플린은 단란한 가족에게서 힘을 얻었다. 채플린은 아이들에게 자기가 만든 영화를 보여 주기를 좋아했다. 아이들은 스크린 속에서 넘어지고 자빠지는 아빠의 모습을 보고 깔깔대며 웃었다. 채플린은 그들의 웃음이 좋았다.

그런 한편 채플린은 온 힘을 다해 〈라임라이트〉의 극본을 썼다. 〈라임라이트〉는 지금까지 채플린이 쓴 방식과는 전혀 달랐다. 처음에 채플린은 소설 형식으로 글을 썼다. 〈라임라이트〉의 중요한 아이디어는 유명한 미국의 희극배우 프랑크 티니에게서 가져왔다.

채플린은 뉴욕에 처음 왔을 때 무대에서 프랑크 티니를 보았다. 당시 티니는 최고의 인기 배우였다. 그러다 몇 년 후 채플린은 그를 다시 만났다. 놀랍게도 그는 더 이상 남을 웃길 수도 없었고 냉정하며 말 없는 인물이 되어 있었다. 채플린은 티니를 그렇게 만든 것이 '세월'이라고 생각했다. 시간이 지나면 자기 역시 그렇게 될 수도 있었다. 이제 60대에 접어든 채플린은 자기에게도 닥칠지 모르는 일을 생각할 수밖에 없었다. 그리고 현재 채플린은 더없이 변덕스러운 대중의 모습을 보고 있으므로.

〈라임라이트〉는 채플린의 자서전(자기가 쓴 자기의 전기)이나 다름 없다. 주인공인 어릿광대 칼베로의 젊은 시절은 젊은 채플린의 모습이기도 하다. 채플린은 이렇게 썼다.

젊었을 때 그는 음악가가 되고 싶었지만 악기를 구할 방법이 없었다. 그는 또 로맨틱한 배우가 되고 싶기도 했지만 키가 작은 데다 말투는 세련되지 못했다. 그런데도 마음속으로는 자신이 가장 위대한 배우가 될 것이라고 굳게 믿고 있었다.

그리고 칼베로는 채플린의 아버지를 닮아 있기도 했다. 채플린은 함께한 기억이 별로 없는 아버지를 영화 속에서 되살렸다. 또 여자 주인공인 댄서 테리의 어머니는 채플린의 어머니와 비슷하다. 그녀는 불행 속에서도 여전히 아름다웠고, 아이들을 위해 얼마 되지 않는 생계비를 벌려고 재봉틀에 매달려서 노예처럼 일한다. 〈라임라이트〉는 바로 채플린 자신의 이야기였다.

채플린은 〈라임라이트〉에 자기 아이들을 등장시켰다. 찰스에게는 발레에 등장하는 어릿광대 역을 주었고, 제랄딘과 마이클과 조세핀은 영화가 시작될 때 술에 취해 집으로 돌아가는 칼베로를 호기심 어린 눈으로 구경하는 세 명의 개구쟁이로 등장했다. 찰스는 그때 세계에서 가장 위대한 감독 중의 하나인 찰리 채플린을 똑똑히 지켜보게 된다. 그리고 이런 글을 남겼다.

아버지는 진정한 의미에서 훌륭한 감독이다. 그는 언제나 올바른 방법이 무엇인지 알고 있고, 본능적으로 각각의 연기자를 서로 다른 방식으로 상대할 줄 알았다. 아버지와 함께 연기를 한다는 사실에 너무 긴장한 나머지 자꾸 대사를 틀리는 한 나이 든 배우가 있었다. 그러자 아버지는 그의 마음을 편하게 해 주려고 자기도 일부러 대사를 틀렸다. 그제야 늙은 배우는 마음을 편하게 먹게 되었고, 그 장면을 제대로 찍을 수 있었다.

채플린은 젊었을 때와 마찬가지로 녹초가 될 때까지 일했다. 완벽하게 일을 처리하기 위해서였다.

채플린은 〈라임라이트〉가 자기가 만든 영화 가운데서 가장 걸작이 될 것이라고 말했다. 그와 동시에 마지막 작품이 될 것이라고. 채플린은 단란한 가정에 만족하고 있었고 미국의 생활에 싫증을 내고 있었다. 채플린은 이제 그만 영화를 만들고 은퇴를 할 생각을 했다. 하지만 〈라임라이트〉는 그의 마지막 작품이 아니다. 어쨌든 할리우드에서 만든 마지막 작품이기는 하지만.

# 미국과 이별하다

채플린은 이미 자신이 공산주의자가 아니라 평화주의자라고 밝혔다.

채플린이 생각하는 애국심은 어떤 특정한 나라, 특정한 계급을 위한 것이 아니었다. 채플린의 애국심은 전 세계 사람들이 스스로를 아끼고 사랑하는 마음에 다름 아니었다. 자신을 둘러싼 세상과 보통 사람들을 위한 슬프고 따뜻한 감정이었다. 그리고 거기에는 자기에게 반대하는 사람들에 대한 동정심까지도 포함하고 있었다. 채플린의 눈에는 공산주의자를 잡아내겠다고 길길이 날뛰는 사람들이 우스꽝스럽고 불쌍해 보였던 것이다.

하지만 모든 사람이 외눈박이인 나라에서는 두 눈을 가진 사람이 이상하게 취급된다. 사람들은 자기와 다른 사람을 싫어하고 미워하고 따돌리는 성질이 있다. 그런데 사람이 어떻게 모두 똑같을 수 있을까? 공장에서 만들어진 물건은 흠이 있거나 다른 물건과 다르면 불량품이 된다. 하지만 사람은 다르다. 모두가 다르게 생겼고, 다르게 생각하고, 다르게 행동한다. 한날한시에 태어난 쌍둥이도 성격이 다르다. 좋아하고 싫어하는 것이 다르다. 세상에 자기와 똑같은 사람은 단 한 사람도 없다. 모두가 다르기 때문에 사람이다. 그런데 다르게 생각한다는 것 때문에 누군가를 괴롭히고 미워하다니!

채플린은 40년 동안 미국에서 살았지만 국적은 영국이었다. 그것은 형 시드니도 마찬가지였다. 채플린과 시드니는 미국을 반대하거나 싫어하지 않았다. 하지만 미국을 좋아한다고 자기가 영국인인 것을 포기할 필요는 느끼지 못했다. 그런데 이것이 문제가 되었다.

1952년 9월 17일, 채플린은 가족들과 함께 퀸 엘리자베스호에 탔다. 〈라임라이트〉의 촬영을 끝내고 영국으로 여행을 가는 길이었다. 채플린은 모처럼 홀가분한 기분을 느꼈다. 바닷바람을 맞으며 갑판을 거닐다 보니 자신이 마치 다른 사람이라도 된 듯한 기분이었다. 영화계의 신화도, 비난의 화살을 맞는 표적도 아닌 것 같았다. 그저 사랑하는 아내와 가족들을 데리고 휴가에 나선 한 명의 남자일 뿐.

그러나 채플린이 미국을 떠난 지 이틀째가 되던 날, 라디오에서 특별 뉴스가 나왔다. 미국 법무장관이 채플린이 다시 미국으로 들어오는 허가를 내주지 않기로 했다는 것이었다. 채플린과 가족들은 큰 충격을 받았다. 어쨌든 채플린은 영국인이었고, 미국에서는 외국인임이 틀림없었다. 그러니 법대로 하자면 허가를 받지 않고서야 미국으로 돌아갈 수 없었다. 채플린이 미국으로 돌아갈 수 없는 이유에 대해, 법무성은 다음 조항을 내세웠다.

도덕·건강·정신 이상의 문제가 있거나, 또는 공산주의를 옹호하거나 공산주의자 및 친 공산주의 단체와 연루된 외국인의 입국을 금지한다.

미국 정부는 채플린이 떠나기만을 기다렸던 것이다. 이로써 채플린은 지난 40년 동안 일했던 나라에서 쫓겨났다.

하지만 이대로 물러설 수는 없었다. 다시 돌아가고 싶지 않을 정도로 끔찍했지만, 미국에는 채플린의 전 재산이 남아 있었다. 어쩌면 미국 정부는 무슨 구실이든 붙여서 채플린의 재산을 몰수할지도 모른다. 그러자 채플린은 두려워지고 마음이 급해졌다.

휴식을 위해 떠난 여행은 엉망이 되었다. 전 세계가 발칵 뒤집혔다. 수많은 신문들로부터 인터뷰를 원하는 전보가 쏟아져 들어왔다. 하지만 채플린은 마음을 다잡았다. 채플린은 미국에서 쫓겨났다는 사실보다 우나와 아이들이 영국을 처음 방문했다는 사실에 신경을 썼다. 채플린은 가족들에게 언제나 고향의 아름다운 풍경을 자랑해 왔다.

채플린과 우나는 함께 사보이 호텔 창가에 서서 템스 강을 바라보았다. 우나는 아름다운 강 풍경을 말없이 바라보고 있었다. 우나는 이제 스물일곱 살이었다. 채플린은 새삼 젊은 아내에게 고마움을 느꼈다. 지금같이 어려운 순간에도 채플린이 자신감을 잃지 않는 건 우나가 함께 있기 때문이다. 채플린은 우나가 자신의 어두웠던 소년 시절까지도 이해해 줄 것이라고 믿었다.

채플린의 〈라임라이트〉는 영국과 프랑스에서 큰 성공을 거두었다. 하지만 미국에서는 여전히 비난이 계속되고 있었다. 재향군인회는 〈라임라이트〉의 상영을 막기 위해 캠페인을 벌였다. 신문에서도 높은 목소리로 채플린을 비판했다. 심지어 "정말 시원하게 눈앞에서 잘 사라졌다!"고 쓴 기사도 있었다.

하지만 양심적인 신문은 미국 정부가 채플린을 내쫓은 것을 비난했다. 그들은 "채플린은 그의 눈부신 재능으로 수십 년 동안 그가 선택한 국가(미국)에 영광을 더해 주었고 세계에 기쁨을 안겨 준 예술가다."라고 썼다. 채플린의 〈라임라이트〉는 할리우드 외신기자 협회로부터 공로상을 받기도 했다. 하지만 그 상은 찰스 채플린이 아버지 대신 받을 수밖에 없었다.

채플린은 우나를 미국으로 보내 재산을 정리하도록 했다. 채플린은 이제 새로운 나라에 자리를 잡아야 했다. 어디로 가야 할까? 채플린은 스위스를 떠올렸다. 런던에서 살고 싶었지만 런던은 기후가 썩 좋지 못했다. 비가 오는 날이 많고 겨울에는 춥고 우울했다. 채플린은 자기 기분보다 아이들의 건강을 더 걱정했다. 스위스는 날씨가 좋고 평화롭다. 그리고 스위스 은행은 재산을 관리하는 데 좋다.

그래서 채플린은 스위스로 이사했다. 우나는 다섯 번째 아이를 임신하고 있었다. 채플린은 알이 큰 검정 체리, 맛좋은 녹색 플럼, 사과, 배, 딸기, 멋진 아스파라거스, 옥수수 등이 자라는 과수원이 딸린 집을 구했다. 정원에는 멋진 나무들이 자라고, 멀리 산과 들, 호수가 펼쳐져 있었다. 아이들은 동네 학교에 다녔다. 프랑스 말을 배우는 게 어렵기는 했지만 아이들은 곧 적응했다.

채플린은 미국에 다시 돌아가는 것을 완전히 포기했다. 우나도 미국 시민권을 포기했다. 우나는 죽을 때까지 채플린과 함께할 생각이었다. 스위스에 살면서 채플린은 자유롭게 세계적인 유명 인사들과 많이 만났다. 소련의 후루시초프, 인도의 네루, 중국의 저우언라이와 마오쩌둥을 만났다. 그들은 모두 채플린 영화의 팬이었다.

채플린은 아직 은퇴할 생각이 없었다. 채플린은 죽기 6개월 전에도 여전히 이렇게 말했다.

"일하는 것이 곧 사는 것이다. 그리고 난 살고 싶다."

60대 중반의 할아버지가 되었지만 채플린은 여전히 일하고 싶었다.

"도저히 그만둘 수가 없다. 지금도 아이디어가 머릿속에서 끊임없이 솟아오른다."

하지만 채플린은 지금 할리우드에 있는 것이 아니었다. 모든 것이 낯선 상황이었다. 친구도 동료도 없었다. 비서조차도 새로 구해야 할 형편이었다. 하지만 아무리 나쁜 조건에서라도 채플린은 영화를 포기하지 않았다.

사실 채플린은 지금까지 자기가 만든 영화만으로도 충분히 위대했다. 돈이 더 필요한 것도 아니었고 명성이 더 필요한 것도 아니었다. 채플린은 더 이상 돈과 명예에 대한 욕심이 없었다. 하지만 채플린은 오로지 영화와 일에 대한 욕심을 버리지 못하고 있었다. 아무리 힘들고 어려운 상황이라도 이겨 낼 의지와 자신이 있었다. 채플린은 애초에 아무것도 없는 빈털터리로 시작했으니까. 60대의 노인 채플린은 10대의 소년 채플린과 달라진 것이 하나도 없었다.

낯선 나라 스위스에서 채플린은 배우와 스태프를 다시 모았다. 그리고 자신의 80번째 작품 〈뉴욕의 왕〉을 만들기 시작했다. 〈뉴욕의 왕〉은 채플린이 미국에서 겪었던 일을 바탕으로 만든 영화다.

영화에서 채플린은 미국을 날카롭게 비판했다. 어느 나라보다도 자유국가라는 것을 내세우면서, 진정으로 사람들에게 필요한 자유는 주지 않는 미국을 꼬집었다.

〈뉴욕의 왕〉이 만들어지는 동안 채플린은 여섯 번째 아이 제인을 낳았다. 우나와 채플린은 모두 여덟 명의 아이를 낳았는데, 다섯 번째 유진과 여섯 번째 제인 말고도 일곱 번째 아네트와 여덟 번째 크리스토퍼가 더 있다. 채플린은 이제 더 이상 외로운 떠돌이가 아니었다. 채플린은 우나와 아이들이 있는 한, 늙지도 상처받지도 않을 것이라고 했다.

〈뉴욕의 왕〉에는 자신을 내쫓은 미국에 대한 원한이 배어 있다. 하지만 영화를 본 비평가 프리스틀리는 채플린이 공산주의자가 될 수 없다는 걸 확인했다.

이 영화에 담긴 풍자에서는 공산주의의 냉정함이나 잔인한 면은 찾아볼 수 없다. 진정한 예술가들 대부분이 그렇듯이 채플린도 본래부터 온화하고 예의 바른 무정부주의자이며, 그가 일으키는 웃음은 모든 의혹을 말끔히 해소시켜 주기 때문이다.

채플린도 〈뉴욕의 왕〉을 개봉한 후 가진 인터뷰에서 말했다.

"정치에 관해서 말하자면 난 무정부주의자요. 난 정부와 규칙과 구속을 싫어하오……. 철창에 갇힌 짐승을 보면 참을 수가 없소……. 사람들은 자유로워야 하오.”

그리고 나서 채플린은 자기의 양쪽 엄지손가락을 옷 겨드랑이에 끼워 넣고 익살을 부리며 말했다.

“세계에서 가장 위대한 조그만 희극배우라오……. 난 사람들이 웃는다는 사실에만 신경을 쓴다오.”

# 아직 두세 번은 더 웃길 수 있다


1959년 4월, 채플린은 70번째 생일을 맞았다. 하지만 채플린은 여전히 젊었다.

"도저히 예순아홉 살을 넘었다는 기분이 들지 않소. 하고 싶은 일을 모두 할 수 있을 만큼 오래 살았으면 좋겠소!"

떠돌이 방랑자는 늙을 수가 없었다. 채플린은 인류의 미래에 대해 말해 달라는 신문기자에게 이렇게 말했다.

"세계에서 전쟁이 없어지고, 모든 다툼이 협상 테이블에서 해결되기를 바랍니다. 수소폭탄과 원자폭탄으로 인류가 멸망하기 전에 그것들이 모두 없어지기를 바랍니다."

무엇보다 채플린은 자신이 사랑하는 가족들과 함께 있다는 것에 만족했다. 채플린은 우나를 진심으로 사랑하고 있었다. 우나도 채플린을 마음 깊이 사랑했다. 그들은 돈이 많고 유명한 것보다 서로 사랑하기 때문에 행복했다. 채플린은 우나와 행복한 결혼 생활을 할 수 있는 이유가 서로 상대방에 대해 지나치게 많은 것을 요구하지 않기 때문이라고 밝혔다.

우나는 채플린의 아내였고, 친구였고, 좋은 비평가였다. 우나는 위대한 희극배우이며 감독인 채플린에게 할 일이 더 남아 있다고 생각했다. 우나는 채플린이 아침 식사를 혼자 하도록 놔두었다. 채플린은 커피와 오렌지 주스, 베이컨, 달걀을 먹으며 한가한 아침을 보냈다. 하지만 아침 식사가 끝나면 우나는 채플린에게 말했다.

"당신은 이제 일을 해야 해요……."

우나는 신문기자들 앞에서 말이 없는 것으로 유명했다. 하지만 언젠가 채플린에 대해 이렇게 말했다.

"난 젊은 남자와 결혼했어요. 사람들은 찰리를 내 아버지뻘로 여기지만, 이 집안에서 나이는 아무 의미도 없어요. 내게는 찰리가 날마다 젊어지는 것처럼 느껴져요. 그는 나를 성숙하게 해주고, 나는 그를 젊게 해줍니다."

채플린은 자기가 살아온 인생을 책으로 쓰기 시작했다. 그런 한편 예전에 만들었던 영화를 손보고 정리했다. 채플린은 끊임없이 일을 했다. 인생의 단 한순간도 헛되이 낭비하지 않기 위해 노력했다.

1962년, 채플린은 옥스퍼드 대학에서 명예 문학박사 학위를 받았다. 옥스퍼드 대학은 영국에서도 명문 대학으로 손꼽힌다. 일개 희극배우에게 그런 명예를 줄 수 없다고 반대하는 사람도 있었다. 하지만 반대는 아무 소용이 없었다. 옥스퍼드 대학의 부총장은 이런 말로 채플린을 맞이했다.

"혁혁한 공을 세운 분, 의심할 여지 없이 최고의 스타인 귀하는 오랜 세월 동안 수많은 사람들에게 큰 기쁨을 안겨 준 원천이었습니다……."

그날 대학의 대표로 연설한 브라이언 브라운은 채플린에 대해 이렇게 말했다.

"시궁창에 떨어진 장미꽃 한 송이나 쓰레기통을 스치는 햇살 한 줄기, 심지어 어릿광대의 재주넘기에서 예술과 아름다움을 볼 수 있는 사람들이 있습니다……. 채플린은 헐렁한 바지와 거꾸로 신은 구두, 낡은 모자와 지팡이, 칫솔 같은 코밑수염으로 전 세계에 웃음을 준 분입니다."

채플린이 일흔세 살이 되었을 때 막내 크리스토퍼가 태어났다. 채플린은 거의 아이들의 할아버지뻘이었다. 채플린은 아이들을 사랑했다. 아이들에게 좋은 아버지가 되고 싶었다. 하지만 아이들이 워낙 어리다 보니 세대 차이가 나는 것을 어쩔 수 없었다. 세랄딘은 집을 떠나 왕립 발레 학교에 들어갔다. 얼마 후에 마이클도 집을 나갔다. 마이클은 자기의 친구 관계에 대해 부모가 시시콜콜 간섭을 하는 것을 못마땅해했다. 마이클은 이 일로 부모와 사이가 좋지 않았지만 채플린이 죽기 전에 아버지와 화해했다.

채플린의 자서전은 놀라울 만큼 꼼꼼했다. 그는 어린 시절의 아주 작은 기억까지도 잊지 않고 있었다. 더할 수 없이 비참했던 소년 시절, 불쌍한 어머니, 다정한 형 시드니, 그리고 미국에서 대성공을 거두기까지 숨겨졌던 밑바닥 인생. 채플린은 결코 자랑일 수 없는 이야기까지 솔직하게 썼다. 누군가 채플린에게 그 자서전의 결말이 어떻게 되느냐고 물었다. 채플린이 대답했다.

"호수와 산들을 둘러보면서 만족한다는 것, 그리고 내 가족과 함께 사는 지금 이보다 더 좋은 건 없다는 느낌!"

채플린은 자서전에 자기가 영화를 만드는 방법에 대해서는 자세히 밝히지 않았다. 그것은 "사람들이 제작 과정을 알면 모든 마법이 사라진다."는 이유 때문이었다. 어쩌면 영화는 스크린 위에 펼쳐지는 마법, 그리고 환상일지도 모를 일이다. 채플린은 그 수수께끼만은 밝히고 싶지 않았다. 모두가 눈속임이라는 것을 알지만 스스로 그것을 밝히지 않는 마술사처럼.

채플린이 마지막으로 만든 영화는 〈홍콩의 여백작〉이다. 이것은 원래 30년 전에 폴리트를 위해 써 두었던 각본 〈밀항자〉를 손본 것이었다. 채플린은 〈홍콩의 여백작〉을 만들기 전에 했던 인터뷰에서 다시 일하게 된 소감이 어떠냐는 질문을 받았다. 채플린은 익살을 떨며 대답했다.

"굉장하다. 내가 아직 일을 할 수 있다는 것이 고마울 뿐이다. 나는 아직 두세 번은 더 웃길 수 있다!"

〈홍콩의 여백작〉을 준비하던 중에 채플린은 슬픈 소식을 들었다. 형 시드니가 사망한 것이다. 시드니는 여든 살이었다. 시드니가 죽기 전에 두 형제는 자주 만났다. 그때 함께 나눈 이야기들은 채플린이 자서전을 쓰는 데 큰 도움을 주었다. 시드니는 아이가 없어서 채플린의 아이들을 매우 좋아했다. 아이들 역시 수많은 개그를 만들어 내는 삼촌의 재주에 빠져들곤 했다. 시드니는 특별한 형이었다. 채플린을 그만큼 사랑한 사람도 없었고, 채플린이 그만큼 의지한 사람도 없었다. 하지만 이별은 어쩔 수 없었다.

채플린이 일흔일곱 살 되던 해, 마지막 영화 〈홍콩의 여백작〉이 만들어졌다. 이번에도 채플린은 자기 영화에 출연했다. 하지만 주인공은 아니었다. 채플린은 지독한 뱃멀미에 시달리는 늙은 집사 역을 맡았다. 대사는 없었다. 하지만 그것은 그가 좋아하는 연기였다. 무성영화들에서 그랬던 것처럼, 채플린은 우스꽝스러운 팬터마임 연기를 마치고 퇴장했다.

하지만 〈홍콩의 여백작〉에 대한 평은 그리 좋지 않았다. 심지어 "채플린은 망했다!"는 평가도 있었다. 채플린은 아무렇지도 않은 척했지만 상처를 입었다. 채플린은 끝까지 자기 영화를 포기할 수 없었다. 채플린은 또다시 새로운 영화에 대해 생각하기 시작했다. 셋째 딸 빅토리아를 생각하며 어린 소녀에 관한 희극 〈변덕〉을 생각해 낸 것이다. 하지만 빅토리아는 영화가 만들어지기 전, 젊은 프랑스 배우와 사랑에 빠졌다. 그리고 부모에게 말도 없이 집을 나가 결혼을 했다. 그것은 채플린에게 큰 충격이었다. 아버지로서도, 영화감독으로서도.

그런데 엎친 데 덮친 격으로, 맏아들 찰스 채플린이 마흔한 살의 젊은 나이로 죽었다. 찰스의 동생 시드니는 배우로 성공했지만 찰스는 그렇지 못했다. 두 차례 결혼에 실패했고 술도 많이 마셨다. 결국 찰스는 넘어져서 얻은 상처가 원인이 된 혈전증으로 사망했다. 연이은 충격으로 채플린은 더 이상 영화를 만들 힘을 잃었다.

하지만 1970년대, 채플린은 그동안 자신이 만든 영화들을 새롭게 이용하는 데 힘을 쏟았다. 〈서커스〉에 쓸 새 노래를 작곡하고 노래도 불렀다. 세계 영화계는 살아 있는 신화인 채플린을 영웅으로 만들었다. 1971년 칸 영화제에서 채플린은 특별상을 받았다. 채플린을 내쫓았던 미국도 화해의 악수를 청해 왔다. 채플린에게 명예 오스카상을 수여하기로 한 것이다. 채플린은 다시 미국으로 갔다. 수많은 관객들이 〈키드〉를 보면서 눈물을 흘렸다.

끔찍한 기억이 남아 있는 로스앤젤레스로 갈 때에는 채플린도 좀 불안해했다. 하지만 두려움을 억누르면서 말했다.

"뭐, 그렇게 나쁘진 않았어. 아무튼 우나를 만난 곳도 여기였으니까."

1972년 채플린은 베니스 영화제에서 특별상으로 황금사자상을 받았다. 1975년에는 영국 왕실로부터 '찰스 채플린 경'이라는 이름의 작위를 받았다. 아버지의 상장을 달고 슬픈 표정으로 꽃을 팔던 아이가, 빈털터리로 빈민구호소에 들어가야 했던 아이가, 건강한 몸뚱이와 남을 웃기는 재주밖에 없던 소년이 영국의 귀족이 되었다. 영국의 귀족뿐만이 아니라 전 세계가 우러러보는 영웅이 된 것이다.

채플린은 이제 조용한 말년을 보내고 있었다. 집으로 손님을 초대하는 일도 별로 없었다. 채플린은 자신이 좋아하는 찰스 디킨스의 소설 『올리버 트위스트』를 읽고 또 읽었다. 가끔은 만들지 못한 영화 〈변덕〉의 대본을 만지작거리기도 했다. 저녁때면 가족들은 모두 모여 채플린의 옛날 영화를 보곤 했다. 다른 사람들이 영화를 보다가 웃음을 터뜨리면 채플린은 행복한 듯 묘한 미소를 짓곤 했다.

채플린은 종교가 없었고 교회에도 나가지 않았다. 하지만 죽음을 별로 두려워하지 않았다.

"갈 때가 되면 가는 거지."

그는 입버릇처럼 말했다. 그때 우나는 언제나 곁에서 채플린의 손을 꼭 잡아 주었다.

채플린의 건강은 급속히 나빠졌다. 누군가 항상 곁에서 간호를 해야 했다. 우나는 자기 혼자 남편을 보살피겠다고 고집을 피웠다. 하지만 우나 혼자서는 너무 힘든 일이라 가족들은 간호사를 고용했다.

1977년 크리스마스, 가족들이 모두 모여들었다. 스페인에서 일하는 제랄딘을 빼고 전부 모였다. 이제는 손자들까지 합쳐서 엄청난 대가족이었다. 손자들은 채플린에게 작고 귀여운 선물을 주었다. 채플린은 어린아이들이 산타클로스를 보고 기뻐하는 소리를 들을 수 있도록 침실 문을 열어 두었다.

그날 밤, 모두가 즐거운 크리스마스 파티를 마치고 잠들었을 때였다. 채플린은 어느 때보다 평화롭게 잠에 빠졌다. 우나는 채플린이 입가에 행복한 미소를 짓고 있는 것을 보았다. 그런데 그것이 바로 채플린이 세상에 보낸 마지막 미소였다.

다음 날 아침 채플린은 깨어나지 못했다. 가족들은 슬퍼했지만 한 사람에게는 행복한 죽음, 좋은 죽음이었다. 잠자던 중에 꿈처럼 세상을 떠난 것이다. 그때 채플린의 나이는 88세였다.

채플린은 세상을 떠났지만 여전히 세계의 관심을 끄는 인물이었다. 채플린은 자기가 바란 대로 가족들만이 참석한 조용한 장례식을 마치고 베바이 공동묘지에 묻혔다. 그런데 2개월 후 기괴한 사건이 벌어졌다. 채플린의 묘지가 파헤쳐지고 관이 사라진 것이었다. 큰 소동이 벌어졌다. 혹시 나치를 따르는 사람들이 〈위대한 독재자〉에 대해 뒤늦은 복수를 한 것이 아닐까? 아니면 채플린의 광적인 팬이 시체를 가지려고 저지른 일일까?

사실은 나중에 밝혀졌다. 돈을 노린 폴란드 출신의 실업자와 불가리아 출신의 밀입국자가 채플린의 묘지를 파헤친 것이었다. 그들은 시체를 돌려주는 대신 60만 스위스 프랑을 내놓으라고 했다. 하지만 우나는 그들과 어떤 거래도 하지 않겠다고 했다. 우나는 "내 남편은 천국과 내 가슴속에 있다."고 말했다.

결국 시신을 도둑질해 갔던 사람들은 잡혔고, 채플린은 다시 묘

지에 묻혔다. 공포물을 꽤 좋아했던 채플린이 살아 있었다면 이 이야기에서 또 어떤 아이디어를 얻었을지 모를 일이었다.

위대한 희극배우이자 영화감독인 채플린에 대해 많은 사람들이 추모하며 글을 바쳤다. 그중에서도 미국의 희극배우 보브 호프가 남긴 말이 인상적이다. 보브 호프는 채플린을 모욕하고 내몰았던 미국을 대신해 채플린에게 사과를 하고 있다.

"우리가 그의 시대에 살았다는 것은 행운이었다."

채플린은 지금도 여전히 사람들을 웃긴다. 울리면서 웃긴다. 눈물을 흘리면서 웃을 수 있는 코미디는 많지 않다. 그런데 바로 그처럼 슬프면서도 우스운 것이 우리가 살아가는 세상이다. 그래서 채플린의 영화는 위대하다. 어린아이부터 노인들까지, 흑인이든 백인이든 황인종이든, 어떤 언어를 쓰는 어떤 나라든 채플린의 영화는 모두 통한다. 떠돌이 방랑자 찰리는 모두의 다정하고 슬픈 친구다. 그래서 떠돌이 방랑자 찰리는 죽을 수 없다. 영원히 사람들의 마음에 살아 있는 것이다.

　이 책의 주요한 내용은 찰리 채플린이 75세였던 1964년 출간된 자서전 『나의 자서전』을 바탕으로 하였다. 한국어로 번역되어 나온 채플린의 자서전으로는 1988년 명문당, 1993년 문학사상사, 1993년 오늘 출판사에서 출간된 것들이 있다. 이 책은 그중에서 정성호 번역센터에서 옮긴 오늘 출판사 판과 2002년 한길아트에서 발간된 데이비드 로빈슨이 쓴 채플린 평전 『채플린 : 거장의 생애와 예술』을 주로 참고하였고, 몇몇 공개된 자료와 영화를 보충하여 썼다. 그런데 공교롭게도 출간된 세 권의 채플린 자서전들은 현재 모두 절판된 상태다.

　채플린은 20세기의 가장 뛰어난 희극배우로 알려져 있다. 그의 영화는 지금도 디지털로 복원이 되어 각종 국제영화제에서 상영되고 있다. 21세기의 인간들은 19세기에 태어나 20세기를 빛나게 살아간 한 어릿광대의 몸짓을 보며 울고 웃는다. 웃으면서 울기, 울면서 웃기. 채플린의 희극을 가장 뛰어난 것으로 만들어 주는 것은 바로 이러한 희비극적 요소다.

채플린은 웃음이란 반항 정신을 의미한다고 생각했다. 거대한 자연의 힘 앞에서 인간은 자기의 무기력함에 웃을 수밖에 없다. 만약 웃지 않는다면 미쳐 버릴지도 모르니까. 그래서 채플린의 영화에는 극한의 상황에 몰린 인간이 많이 등장한다. 가난, 굶주림, 자연의 재앙, 전쟁 등등. 운명적으로 인간은 끝없이 그러한 시련에 부딪힐 수밖에 없다. 하지만 이런 비극적인 상황, 극단적인 상황 속에서 채플린은 보석같이 빛나는 웃음을 발견하는 것이다. 더 비참해지지 않기 위해서, 자기의 인간적 존엄성을 지키기 위해서 채플린은 울기보다는 웃는다. 웃어야만 이 삶의 비극을 견디고 살아남을 수 있다.

채플린은 재능 있는 배우였던 부모 아래서 태어났지만 부모의 이혼으로 어릴 때부터 많은 시련을 겪게 된다. 어머니 슬하에서 자라며 극도의 가난에 시달린 나머지 빈민구호소에서 유년 시절을 보내기도 했다. 그런가 하면 채플린이 그토록 사랑했고, 채플린의 천부적인 재능을 가장 먼저 알아봐 준 어머니가 영양실조로 인해 정신병에 걸리는 고통까지 맛보아야 했다. 하지만 채플린은 빈털 터리에서 오로지 자신의 재능만으로 성공했다. 그 와중에 몇 번의 이혼과 불안정한 결혼 생활을 경험해야 했고, 전쟁 미치광이들이 날뛰던 시대에는 공산주의자로 낙인이 찍혀 망명자 신세가 되어야 했다. 하지만 채플린은 영원히 자신이 의지할 '영화', 그리고 그의 인생의 마지막 여인인 '우나'가 있었기에 행복할 수 있었다.

찰리 채플린 하면 떠오르는 모습은 헐렁헐렁한 바지, 털럭거리 는 큰 구두, 거기에 지팡이와 굴뚝 모자에 칫솔모처럼 조그만 콧수 염……. 채플린의 영화 속에 가장 인상적으로 기억되는 인물은 떠 돌이 방랑자 '찰리'다. 채플린이 우연히 고안해 낸 이 인물은 찰리 채플린 자신이었다. 떠돌이 찰리는 채플린이 말한 대로 방랑자인 가 하면 신사이고, 시인이면서 몽상가이고, 유쾌하고 명랑하지만 한편으로 쓸쓸하고 고독한 남자다. 그는 외롭고 가난하지만 언제 나 로맨스와 모험을 꿈꾼다. 찰리는 채플린의 분신이었다. 그래서 훗날 유성영화 시대에 떠돌이 방랑자 '찰리'를 포기하게 되었을 때, 채플린은 그토록 미련을 버리지 못해 애를 썼는지도 모른다.

이 글을 쓰면서 교육 방송에서 시리즈로 방영된 채플린의 영화 〈황금광 시대〉, 〈시티 라이트〉, 〈모던 타임스〉, 〈위대한 독재자〉, 〈라임라이트〉 등을 다시 보게 되었다. 채플린의 영화를 처음 보는 여덟 살짜리 아들과 나는 똑같이 어린아이처럼 깔깔거리며 배를 잡고 영화를 보았다. 인종과 민족과 계급과 남녀노소의 차이를 뛰어넘어, 채플린은 아직도 우리의 곁에 살아 있다. 그는 여전히 우리를 몇 번이고 더 웃길 만하다!

| | |
|---|---|
| **1889년** | 4월 16일 태어남. |
| **1892년** | 휠러 드라이든(채플린의 의붓동생) 태어남. |
| **1901년** | 5월 아버지 찰스 채플린, 세인트 토머스 병원에서 37세로 사망. |
| **1903년** | 5월 어머니 해너 힐, 정신병으로 판정되어 케인힐 수용소에 수용. |
| | 7월 킹스턴의 로열카운티 극장에서 〈짐, 런던내기의 로맨스〉의 샘 역으로 공연. |
| | 8월 〈셜록 홈스〉의 빌리 역으로 순회공연에 나섬. |
| **1905년** | 3월 어머니 해너 힐, 람베스 치료소에 재입원. |
| | 11월 〈셜록 홈스〉 로열 특별 공연. |
| **1906년** | 5월 '케이시 코트 서커스단'에 들어감. |
| | 7월 형 시드니 채플린, 카노 극단과 첫 계약서 작성. |
| **1908년** | 2월 프레드 카노와 첫 계약서 작성. 헤티 켈리와 만남. |
| | 〈말 없는 새〉 파리 공연에 출연. |
| **1910년** | 10월 뉴욕에서 〈와와〉로 카노 미국 순회공연 시작. |

1912년   6월 카노 미국 순회공연을 마치고 영국으로 귀국. 10월 카
          노 극단과 함께 두 번째 미국 순회공연을 떠남.

1913년   9월 키스톤 영화사에 들어갈 예정으로 계약. 11월 카노 극
          단과 마지막 공연.

1914년   1월 키스톤 스튜디오에서 일을 시작함. 2월 〈생활비 벌기〉
          를 시작으로 총 35편의 영화 개봉.

1915년   1월 에사니 스튜디오에서 일하기 시작. 2월 〈그의 새 일자
          리〉를 시작으로 총 12편 개봉.

1916년   에사니 영화사에서 〈카르멘〉 외 2편 제작. 2월 뮤추얼 영화
          사와 계약. 〈매장 감독〉 외 7편의 영화 개봉.

1917년   〈이지 스트리트〉 외 3편 제작 개봉. 가을, 로스앤젤레스에
          새 스튜디오를 짓기 시작함.

1918년   1월 새 스튜디오로 옮겨 〈개의 생애〉 촬영 시작. 〈개의 생애〉
          외 2편의 영화 제작 개봉.

          10월 밀드레드 해리스와 결혼.

1919년   〈양지〉 외 1편 제작 개봉. 7월 〈키드〉의 첫 번째 판인 〈집 없
          는 아이〉 촬영 시작.

          채플린의 첫아들 태어났으나 사망.

1920년   11월 밀드레드 해리스와 이혼.

1921년   2월 〈키드〉 개봉. 〈키드〉 외 1편의 영화 제작 개봉.

8월 유럽 여행 시작. 10월 미국으로 돌아옴.

1922년     〈봉급날〉 외 1편 제작 개봉.

1923년     〈파리의 여인〉 제작 개봉.

1924년     2월 〈황금광 시대〉 촬영 시작. 조지아 헤일이 리타 그레이

대신 주연으로 뽑힘.

11월 멕시코에서 리타 그레이와 결혼.

1925년     〈황금광 시대〉 개봉.

5월 아들 찰스 채플린 출생.

1926년     1월 〈서커스〉 촬영 시작.

3월 시드니 얼 채플린 출생.

1927년     3월 소비에트 영화 기구의 초청으로 소련 방문.

8월 리타 그레이와 이혼.

1928년     8월 어머니 해너 힐 사망.

12월 〈시티 라이트〉 촬영 시작.

1931년     1월 〈시티 라이트〉 개봉.

1월 세계 여행을 하러 로스앤젤레스를 떠남. 런던, 베를린,

비엔나, 베니스, 파리 등을 방문. 9월 간디와 만남.

1932년     3월 아시아 여행 시작. 싱가포르, 도쿄 등을 여행. 7월 폴리

트 고다르와 첫 만남.

1933년     3월 〈모던 타임스〉에 대한 첫 작업 시작.

1936년     2월 〈모던 타임스〉 개봉.

1938년     10월 〈위대한 독재자〉 작업 시작.

1940년     10월 〈위대한 독재자〉 세계 개봉식.

1942년     6월 폴리트 고다르와 이혼(1936년 아시아에서 결혼했다는 사실
          이 밝혀짐). 10월 우나 오닐과 만남.

1943년     일 년 내내 〈살인광 시대〉 작업.

          6월 우나 오닐과 결혼.

1944년     8월 딸 제랄딘 레이 채플린 출생.

1946년     3월 아들 마이클 존 채플린 출생.

1947년     4월 〈살인광 시대〉 세계 개봉식.

          6월 미국 하원의원 존 라스킨이 채플린의 국외 추방을 요
          구함. 12월 참전 용사회, 법무성 및 국무성에 채플린 국외
          추방을 위한 조사 요구.

1949년     3월 조세핀 해너 채플린 출생.

1950년     4월 〈시티 라이트〉 재개봉. 〈라임라이트〉 작업 시작.

1951년     5월 빅토리아 채플린 출생.

1952년     1월 〈라임라이트〉 주요 장면 촬영 완료.

          9월 할리우드를 떠남. 퀸 엘리자베스호를 타고 뉴욕을 출
          항한 이후 재입국 허가가 무효가 됨.

          10월 런던에서 〈라임라이트〉 개봉.

| 1953년 | 1월 미국 극장들 대부분에서 〈라임라이트〉 상영 취소. |
| | 1월 채플린 일가 스위스로 이사. 4월 미국 재입국 허가 포기. |
| | 8월 유진 앤소니 채플린 출생. |
| 1954년 | 2월 우나 채플린 미국 시민권 포기. 5월 세계평화위원회상 |
| | 수상. 상금을 파리와 람베스 빈민에게 헌사. |
| 1956년 | 5월 〈뉴욕의 왕〉 촬영. |
| 1957년 | 5월 딸 제인 세실 채플린 출생. |
| | 9월 런던에서 〈뉴욕의 왕〉을 처음 선보임. |
| 1958년 | 2월 로스앤젤레스 '명사의 거리'에서 채플린의 이름이 삭제됨. |
| 1959년 | 12월 딸 아네트 에밀리 채플린 출생. |
| 1962년 | 6월 옥스퍼드 대학에서 명예박사 학위 받음. |
| | 7월 아들 크리스토퍼 제임스 채플린 출생. |
| 1964년 | 9월 『나의 자서전』 출간. |
| 1965년 | 4월 시드니 채플린 사망. |
| 1967년 | 1월 〈홍콩의 여백작〉 개봉. |
| 1968년 | 〈변덕〉 작업. 3월 찰스 채플린 주니어 사망. |
| 1970년 | 〈서커스〉에 쓸 새 음악을 작곡. |
| 1972년 | 3월 로스앤젤레스 '명사의 거리'에 다시 이름이 오름. 4월 뉴욕 |
| | 에 도착. 핸델 메달과 할리우드 아카데미 특별상 수상. 9월 |
| | 베니스 영화제에서 황금사자상 수상. |

| 1975년 | 3월 퀸 엘리자베스 2세에게 기사 작위를 받음. |
|---|---|
| 1976년 | 6월 30일 "일하는 것이 바로 사는 것이다, 나는 살고 싶다."고 말함. |
| 1977년 | 10월 베바이의 서커스 관람이 마지막 외출이 됨. 12월 25일 스위스의 자택에서 잠자던 중 사망. 12월 27일 베바이에서 장례식. |
| 1978년 | 3월 시신을 탈취당했다가 되찾음. |
| 1991년 | 9월 우나 채플린, 채플린이 사망한 바로 그 방에서 세상을 떠남. |
| 1992년 | 12월 리처드 애튼보로 제작 감독으로 『나의 자서전』과 데이비드 로빈슨의 『채플린 : 그의 인생과 예술』에 기초한 전기 영화 〈채플린〉이 개봉됨. |

스크린의 독재자

# 찰리 채플린

© 김별아, 2003

초　판 1쇄 발행 2003년 11월 1일
개정판 1쇄 발행 2012년 1월 31일
개정판 7쇄 발행 2023년 10월 1일

지은이　　김별아
펴낸이　　강병철
펴낸곳　　더이룸출판사
출판등록　1997년 10월 30일 제1997-000129호
주소　　　04047 서울시 마포구 양화로6길 49
전화　　　편집부 02) 324-2347　경영지원부 02) 325-6047
팩스　　　편집부 02) 324-2348　경영지원부 02) 2648-1311
이메일　　jamoteen@jamobook.com

ISBN 978-89-5707-065-9 (44990)